Nick Living

ENERGIE DER POESIE

d r i f t

Gedichte & Texte

Herstellung und Verlag:
BoD - Books on Demand,
Norderstedt
ISBN 978-3-7357-9079-8
Für den Inhalt des Buches zeichnet der
Autor verantwortlich
© 2014

Gedanken sind
wie eine Flut
Manchmal
wie Ebbe auch
Doch sie driften dahin
Kommen uns nahe
Gehen von uns weg
Wie Worte
Wie Träume
Sind Wünsche auch
Gefühle vielleicht
Und sie driften
durch die Seele

Meine Heimat

Ob ich dort am Teich noch mal glücklich wär
In der fernen Stadt, wo ich einst als Kind
Ach, die Träume wiegen oft so schwer
Ich musste fort
Und war so blind

Und im Wald, wo ich so oft gespielt,
bei der fernen Stadt, wo sich Oma kannte aus
Mir hat's so oft ins Herz gezielt
Meine Heimat
Mein vertrautes Haus

All die Straßen- ich sehe sie noch vor mir
Meine ferne Stadt, wo ich mal gelebt
Und die Erinnerung wiegt da so schwer
Vergangenheit in mir,
die im Kopfe schwebt

Ohne Dich

Ich kann nicht mehr leben ohne Dich
Ach Liebling, lass mich niemals im Stich
Wenn Du jetzt fort gehst, wortlos fliehst,
und mich vielleicht nicht mehr verstehst,
dann gibt es keinen Sinn mehr für mich

Die Träume sterben viel zu allein
Muss Einsamkeit denn wirklich so sein?
Ich will nicht sterben vor aller Zeit
Bin für die Ängste noch nicht bereit
Das alles wiegt schwerer als ein Stein

Doch Du bleibst stumm, weichst mir nur aus
Ich weiß es jetzt – Du steigst jetzt aus
Und keine Träne wischt Du Dir fort
Ist das nicht Frust, ist das nicht Mord?
Wenn Du jetzt gehst, wo bin ich zu Haus?

Prinz

Ich bin der Prinz vom Morgenland
Und habe gar nichts nötig hier
Ich komm zu Euch im Goldgewand
Und noch manch andrer teurer Zier

Ich bin der Prinz – nun springt schon,
springt!
Und – nein – ich schaue Euch nicht an
Weil's hier bei Euch mir zu sehr stinkt
Ich bin nämlich ein Edelmann

Ich bin der Prinz, so jung und schön
Und wohn in einem fernen Schloss
Dort muss ich zeitig schlafen gehen
Drum zieh ich nun mit hohem Ross

Ich bin der Prinz vom Zauberland
Und zaubre Euch ganz einfach weg
Ich bringt mir eh nur Schimpf und Schand
Ich bin der Prinz und ihr seid Dreck

Steine

So viele Steine liegen im Bach
Und ich denk bei mir – ACH
Könnt ich ein Stein im Bach nur sein,
um mich das Wasser, so kalt und so rein

So viele Steine liegen herum
Einfach so – schief und krumm
Seit ewigen Zeiten liegen sie dort
Niemals verlassen sie solch einen Ort

Und wenn der Wind sich dann dreht,
von dieser Erde so Vieles verweht,
sind sie noch immer so arglos und stumm
Keiner nimmt´s all diesen Steinen
dann krumm

Was man ...

Was man manchmal braucht,
ist gar nicht so viel
Ein Lachen, ein Singen, ein seltsames Spiel
Ein freundliches Wort ist wohl
niemals verkehrt
Weil man sich damit niemandem verwehrt

Warum denn gleich schimpfen,
warum denn gleich Streit
Sei jetzt mal zu Ruhe und Liebe bereit
Man schafft so vielmehr
und kommt besser voran
Schaut Euch doch mit lustigen Augen mal an

Glaubt es mir drum, es ist doch ganz leicht
Weil's immer zum Lachen
und Fröhlichsein reicht
Ihr müsst endlich lernen,
Euch gut zu verstehn
Dann braucht ihr nie mehr auseinander
zu gehn

Morgen!

Morgen werd ich ganz neu leben
Morgen werd ich alles geben
Alles dreht sich andersrum
Morgen bin ich nicht mehr dumm
Morgen!

Morgen werd ich friedlich träumen
Morgen lieg ich unter Bäumen
Werde singen, lachen, lieben
Nie mehr Frust und Tränen schieben
Morgen!

Morgen lieb ich alle Leute
Morgen spür ich wieder Freude
Kraftvoll werd ich morgen sein
Nicht mehr einsam und allein
Morgen!

Morgen wird sich alles ändern
Neues Glück mit bunten Bändern
Morgen werd ich anders denken
Nie mehr mich umsonst verrenken
Morgen!

Vielfalt

Oh Sommerglück, oh weiße Farbe
Du blaues Meer am Horizont
Welch Anmut, welche Gottesgabe
In unsrer Welt, wo Leben wohnt

Ach lasst mich Wald und Feld durchstreifen
Erahnen Freiheit, Lust und Gier
Und zeigt mir keine Autoreifen,
die zerquetschten manches Tier

Und zeigt mir auch nicht Abfalldünen
Die Stadt im gelben Dunst lasst sein
Malt bunt die grauen Hausruinen
Und trinkt den klaren, süßen Wein

Kommt, lasst und fliegen durch die Lüfte,
bis wir die Sonnenstrahlen spür'n
Und atmet ein die Blumendüfte
Lasst vom Frieden Euch verführ'n ...

Sucht

Eines Tages wird es regnen
Ja, da wird ich Dir begegnen
In dem dunklen U-Bahn-Schacht
Und ich werd mir von Dir nehmen
Und mich plötzlich taumelnd
nach Dir sehnen
Nach der kalten, dunklen Nacht

Bis die Träume nicht mehr enden,
werd ich mir die Sinne schänden
Mit des Mohnes weißem Glanz
Und wenn dann die Augen lügen
wird ein Hass mich überfliegen
auf des Lebens letzten Tanz

Wieder ...

Wieder einsam und alleine
Wieder stumm und ohne Mut
Sitz im Park und zähl die Steine
Und ich weiß, ich war nicht gut

Halt mich fest an alten Träumen,
die noch immer in mir sind
Sitze ratlos unter Bäumen
Und ich heule wie ein Kind

Spür die Ewigkeit zerfließen
Und mein Pulsschlag ist so schwach
Tränen wollen sich ergießen
Es gibt so viel Weh und Ach

Schatten ziehen durch die Seele
Ziehen in mein Herz, das schreit
Weiß nicht, warum ich mich quäle,
hier in dieser Dunkelheit

Herbstwind treibt die alte Mühle,
die am Rain steht, immerfort
Langsam geh ich durch die Kühle
Traurig scheint mir jeder Ort

Nur der Mond kennt meine Wege
Hat so viele schon gekannt
Ganz egal, wohin ich gehe,
Er sieht alles hier im Land

Hat die Wolken fortgeschoben
Er vertrieb mir Angst und Wut
Ja, er leuchtet hell dort oben
Sagt zu mir: „Es wird schon gut!"

Besuch im Westen

Es war kurz nach der Wende. Die Menschen waren aufgewühlt und voller Enthusiasmus. Neugierde und Aufbruchsstimmung lagen in der Luft. Jeder wollte es ... in den Westen. Alles DDR- Östliche wurde schlecht geredet und war mehr als verpönt. Auf den Bahnhöfen herrschte eine Mischung von Abschied, Reiselust und Republikflucht. Jeder wollte weg. Auch ich hielt es nicht mehr aus. Ich wollte in den Westen! Manche unkten sogar schon, dass man die gerade erst gefallene Mauer wieder schließen könnte. Man munkelte von geheimen Stasiplänen, wonach die DDR wieder dichtgemacht werden sollte. Doch all das interessierte mich nicht. Ich platzte bald vor Neugierde, musste nun endlich los ziehen. Auch auf unserem Bahnhof war die Hölle los. Alles, was zwei oder vier Beine hatte in dieser Stadt schien auf dem Bahnhof herumzulungern. Man hatte Sonderzüge eingesetzt, weil die fahrplanmäßigen Interzonenzüge diese Masse an Menschen nicht mehr bewältigen konnten. Auch ich musste mich an einer endlosen Warteschlange anstellen, nur, um eine Fahrkarte in den Westen zu ergattern. Meine Reise ging von Zwickau in Sachsen nach Hof in Franken. Ich hatte Glück, ich bekam noch einen Sitzplatz in einem Abteil. Voller Spannung wartete jeder auf den Pfiff des Schaffners. Dann begann die Reise. So bewusst und wach hatte ich noch nie zuvor eine Zugfahrt erlebt. Ich wollte alles in mich aufnehmen, alles bewusst erleben. Bedauerlicherweise saß ich nicht am Fenster. Doch es hatte auch sein Gutes. So musste ich mich irgendwann mit den Mitreisenden unterhalten. Und wie mir schien es auch den anderen zu gehen. Plötzlich schien es, als ob jeder im Abteil das Bedürfnis hatte, zu reden. Eine ältere Dame erzählte, dass sie schon oft im Westen war. Sie erzählte, wie es da so ist. Sie berichtete von gepflegten Straßen und hellen Häusern, von schönen Parks und von prall gefüllten Regalen in den zahllosen Einkaufszentren. Ein anderer Herr bestätigte das und meinte sogar, dass es im Westen anders roch. Ich schaute ihn misstrauisch an und streichelte verlegen einen kleinen Dackel, der sich ängstlich zwischen meinen Beinen versteckt hielt. Der kleine Hund gehörte einer jungen Frau, die ebenso gespannt wie ich den Erzählungen der älteren Mitreisenden lauschte. Während der Gespräche bemerkte keiner, dass wir uns der Grenze näherten. Der Zug rollte langsam auf einen Stacheldrahtzaun zu. Gespenstische Stille breitete sich im Zug aus. Der kleine Dackel war unterdessen unter meinem Sitz verschwunden. Er presste sich mit seinem kleinen Köpfchen ganz eng an meine Schuhe. Der Zug hielt an einem Bahnsteig. In kleinen Abständen standen Armeeangehörige der NVA und warteten wohl auf ihren Einsatzbefehl. „Die Grenzsoldaten kommen gleich durch und kontrollieren uns …", raunte die alte Frau. Vor Aufregung schlug mein Herz bis zum Halse … und wirre Gedanken schossen mir durch den Kopf. Hier also war es, hier wurden Menschen aus den Zügen geholt und abgeführt, einfach so. Hier wurden Familien auseinandergerissen. Hier verschwand so mancher Koffer auf Nimmerwiedersehen. Hier verschwand auch so mancher heimliche Flüchtling. Es war plötzlich so ruhig im Zug, dass man getrost hätte, eine Stecknadel fallen lassen können. Sie wäre wie ein Paukenschlag auf dem Boden aufgetroffen. Ein Geräusch durchbrach die Stille … jetzt kamen sie … die Grenzer. Ich dachte, was wäre, wenn die uns nicht rüber lassen … wenn sie uns alle festhielten. Immerhin hatten sie das ja all die Jahre so getan. Mit einem heftigen Ruck wurde die Abteiltür aufgerissen. Ich zuckte zusammen, schaute auf das beruhigende Gesicht der alten Frau. Die schien meine Aufregung bemerkt zu haben. Sie zwinkerte mir beruhigend zu und nickte mit dem Kopf. Der Grenzer hatte ein weißes, fieses Gesicht. In der Hand hielt er einen großen Aktenblock und machte sich Notizen. Mir schien, als ob dieser Mann nie das Sonnenlicht gesehen hatte. Offenbar konnte er nicht einmal lachen. Doch da … ein leichtes Grinsen huschte über seine hohlen Wangen, verflüchtigte sich aber in seinen tiefen Mundwinkeln. „Die Ausweise … bitte …!", rief er laut. Und wieder zuckte ich zusammen. Hier an der Nahtstelle zwischen Ost und West. Hier an der Linie zwischen Dogma und Freiheit. Entschlossen hielt ich dem Grenzsoldaten meinen Ausweis entgegen. Der nahm ihn an sich und drückte seinen metallenen Stempel hinein. Dann verabschiedete er sich kühl aber freundlich mit dem Militärgruß von uns verschwand. Ich atmete tief durch. Wie viele Menschen hatten hier schon gezittert. Wie viele Menschen hatten vor diesem Mann schon Angst, panische Angst. Hatte der vielleicht auch schon mal auf jemanden geschossen? Undenkbar war das nicht. Ich wartete einige Minuten, dann musste ich aufs Klo. Und noch immer kreisten die Gedanken. Hatten sich hier auch die Leute versteckt. Interessiert schaute ich zur Decke. Dort konnte man kleine verschlossene Luken erkennen. Doch ansonsten herrschte nur Schweigen. Ich wunderte mich, dass wir noch immer standen. Gab es Schwierigkeiten? Warum fuhren wir nicht weiter? Nachdem ich mir die Hände abgewaschen hatte, trat ich vorsichtig in den Gang hinaus. Ich schaute zum Fenster … doch was war das? Vor dem Fenster huschten bunte Felder vorbei … ja, wir fuhren bereits. In diesem Augenblick fiel eine tonnenschwere Last von mir. Diese mündete in eine geschichtsträchtige Erkenntnis … ich war im Westen! Das, was ich mir Jahre und sogar Tage zuvor nicht einmal vorzustellen wagte, erlebte ich jetzt und unmittelbar. Ich befand mich auf westdeutschem Boden. Wofür so viele Menschen ihr Leben gaben und sinnlose jahrelange und harte Haftstrafen verbüßen mussten, das gelang mir mit einem Schritt. Genauer … mit einem Besuch auf der Zug-Toilette … wie makaber … und … wie einfach. Es war ein wunderbares Gefühl, das mich in diesem Moment beschlich. Ich hatte es erreicht – ich war frei! Und ich wusste in diesem Moment nicht, ob ich jemals wieder zurückfahren würde. Wen würde es schon stören, wenn ich einfach im Westen bliebe? Wen interessierten jetzt noch Selbstschussanlagen und Stacheldrähte? Ich hätte es nie für möglich gehalten, so schnell all diesen albernen Zirkus, den ich bei meinem Pflicht-Wehrdienst eingeimpft bekam, ad acta zu legen und mich einfach nur noch zu freuen, im Westen angekommen zu sein. Und … wen interessierte das jetzt noch? Ich öffnete das Fenster und atmete tief durch. Ja, es stimmte, es roch tatsächlich anders. Es roch nach frischen Blumen, nach Natur und Freiheit. Es roch nach Lust auf Leben. Und es roch nach großer Welt. Das werde ich wohl nie vergessen. Wie eingeengt war mein Leben bis zu diesem Augenblick. So ebenmäßig und glatt, wie die Gleise hier waren, so ebenmäßig erschien mir meine Zukunft. Ich wusste, dass wir nie wieder eine solche Mauer bauen dürfen. Menschen kann man nicht trennen. Und schon gar keine Landsleute. So etwas funktioniert nicht. Irgendwann fällt jede Mauer. Die abwartende und betretene Stille, die den Zug an der Grenze einhüllte, war längst einem allseitigen Getratsche gewichen. Überall sprachen die Menschen miteinander. Viele

Leute lachten und winkten aus den weit geöffneten Fenstern der Waggons. Auch ich winkte und manche riefen zurück, wünschten uns einfach viel Glück. Ich ging in mein Abteil zurück. „Wir sind gleich da", sagte die alte Dame vergnügt. Und ich bemerkte, dass ihre Falten etwas weniger geworden sein mussten.

Ankunft im Westen

Der Bahnhof in der kleinen fränkischen Stadt Hof war eigentlich recht klein. Ein Kleinstadtbahnhof eben. Doch diesen Eindruck gewann ich erst viel später. Die ganze Zeit hatte ich aus dem Abteilfenster geschaut. Ich wollte nichts verpassen. Alles, was Westen hieß oder zumindest so aussah, wollte ich sehen. Alles wollte ich spüren, riechen und fühlen. Und ich gebe ehrlich zu, dass ich in diesen Stunden eine ganze Flut von Gefühlen spürte, die mich hin und her rissen. Es roch sogar anders. Es waren Menschenmassen, wie ich sie nur zu den DDR-Weltfestspielen in Berlin erlebte. Der Bahnhof drohte beinahe auseinander- zu brechen. Menschen winkten, weinten, riefen laut … Hallo! Ich konnte das alles nicht glauben. Hätte mir das vor einem Jahr einer erzählt, hätte ich ihn wohl für total verrückt gehalten. Der Zug hielt an und der ohrenbetäubende Jubel, der Frohsinn der Menschen sprang sofort auf mich über. Er zog in mein Herz und in meine Seele. So etwas hatte ich nie zuvor erlebt. Da waren sie also, unsere Brüder und Schwestern aus dem Westen. Überall auf den Bahnsteigen standen Helfer vom Roten Kreuz. Es gab Tee, heiße Suppe und Decken. Und es gab Trost, viel Trost. Menschen, die sich nie vorher gesehen hatten, lagen sich weinend in den Armen. Freiheit! Wir waren frei! Wir hatten diese Mauer überwunden, und ich durfte das erleben. So blau war nie der Himmel, so warm schien niemals die Sonne. Vergessen alle Grenzen, alle Soldaten und alle Trennungen … und was waren schon Mauern? Mauern zeigen deutlich, dass dahinter irgendetwas ist. Und oftmals ist es die Freiheit. Menschen hinter Mauern werden stark, sehr stark. Wir haben es geschafft, wir sind eins! Mühsam bahnte ich mir einen Weg durch die Menschenmassen. Und wie ich taten es in diesem Moment Tausende … Millionen Ostdeutsche, irgendwo im Westen. Was für ein Erlebnis. Nach so circa einer Stunde hatte ich mich bis zum Stadtkern dieses eigentlich so friedlichen Städtchens durchgekämpft. Die Devise hieß nun ... Begrüßungsgeld abfassen! Dazu musste ich in eine Bank. Auf dem kleinen Marktplatz schien die Hölle los zu sein. Jeder wollte in irgendein Geschäft. Selbst die billigsten Ladenhüter hatten heute Erfolg. Gekauft wurde alles, was im Rahmen der Mittel lag. Vor den Banken bewegten sich endlose Menschenschlangen. Ich musste grinsen. Diese langen Schlangen erinnerten doch sehr an die DDR. Jemand rief ... Leute, hier gibt's Bananen ... und alle DDR-Leute rannten hin. Ich hingegen hielt mein Geld stolz in den Händen. Wollte es so lange wie nur möglich behalten. Doch diese unsagbare Warenflut, dieses unglaublich riesige Angebot ließ auch bei mir alle Vorsätze und jeden Spartrieb dahin schmelzen. Die Ausbeute belief sich am Ende auf ein teures Marken-Jeanshemd, zwei Oldie-Schallplatten und eine silberne Armbanduhr. Den Rest hatte ich an Bratwurstständen verjubelt. Der Tag im Westen verging wie im Fluge. Und es war ein herrlicher Tag. Als ich am Abend schließlich wieder nach Hause fahren wollte, staunte ich nicht schlecht, als ich die Leute sah, die sich im Bahnhofsgebäude drängelten. Denn alle die, die gekommen waren, wollten nun wieder zurück. Und zwar alle auf einmal. Ich hatte damals noch eine recht schlanke Figur. So gelang es mir tatsächlich, mich wie ein Rettungssanitäter durch die dichte Menschenmasse hindurch zu boxen. Ja, es ähnelte eher einem Befreiungskampf als einem Reiseantritt. Die Züge fuhren ein- und aus. Doch die Menschenmenge ebbte nicht ab. Man hatte keinerlei Zeitgefühl mehr. Irgendwann drückte ich mit letzter Kraft einen alten Stasibonzen zur Seite und sprang in einen Waggon. Dort ging es zu wie zu Flüchtlingszeiten nach dem Krieg. Die Leute standen auf dem Klo, zwischen den Sitzen, an den Türen. Kinder wurden durch die Fenster herein gereicht. So manche teuer erworbene West-Rarität ging in diesem wilden Getümmel auf Nimmerwiedersehen verloren. Ich stand auf einem Blech zwischen zwei Waggons. Unter mir konnte ich die Gleise sehen und über mir schneite es … zielgenau in meinen Kragen. Lediglich eine Metallstange verhinderte, dass ich zwischen den Metallplatten aufs Gleisbett rutschte. Jeder war sich selbst der Nächste. Und so ging die Reise los. Es war zu diesem Zeitpunkt nicht klar, ob wir jemals zu Hause ankommen. Wäre unterwegs etwas Unvorhersehbares geschehen, wären wir wohl alle drauf gegangen. Ich krampfte mich an meiner Metallstange fest und dachte nur daran, ja nicht loszulassen. Doch der Gedanke, meine hart erkämpften Westwaren zu Hause zu präsentieren, ließ mich eisern durchhalten. Zwar fiel mir bald die Hand ab, doch ich ließ nicht los. Am Grenzpunkt, den wir bereits bei der Hinfahrt passiert hatten, standen wenige Grenzer. Sie konnten gar keinen kontrollieren, weil sie gar nicht in den Zug kamen. Einige Reisende, die an den Türen standen, stiegen auf eine Zigarettenlänge aus dem Zug. Es war stockdunkel. Durch das Fenster sah ich eine seltsame junge Frau. Nein, es war ein Mädchen. Sie hatte ein weißes Kleidchen an. Sie stand einsam hinter einem Stacheldrahtzaun. Ich wunderte mich, dass sie keinerlei Regung zeigte. Keiner schien Notiz von diesem wunderschönen Wesen zu nehmen. Plötzlich winkte sie, ja, sie winkte mir zu, und sie lächelte. Ihre blonden Haare wehten im leisen Wind, der aufgekommen war. Dann vernahm ich eine Stimme. Sie sang: „Ich wünsche Dir alles Glück dieser Erde. Bis hierher habe ich Dich begleitet. Jetzt musst Du alleine gehen. Du wirst es schaffen! Alles Gute …". Bei diesen letzten Worten löste sich die Gestalt in Luft auf, sie verschwand einfach in der Dunkelheit. Ich war wie erstarrt. Gerade wollte ich jemand auf diese Escheinung aufmerksam machen, als sich der Zug langsam wieder in Bewegung setzte. Sicher kamen wir zu Hause an. Diese erste Begegnung mit dem Westen werde ich wohl nie vergessen. Sie hat sich tief in mein Gedächtnis eingebrannt. Es war eines der schönsten und bedeutendsten Erlebnisse, die ich in meinem Leben hatte. Ich war angekommen. Und mit mir so viele meiner Landsleute. Ein starkes Gefühl kroch durch meinen Leib. Wir Menschen halten viel aus und wir sind fähig, unser Leben grundlegend zu ändern. Wir können alles ändern, wenn wir es nur wollen. Und wir müssen immer wissen, dass wir nicht allein sind bei diesem Kampf. Dieses Mädchen am Wegesrand gab mir so viel Zuversicht. Woher sie wohl gekommen war? Oder war sie immer da? Ich wusste es nicht. Doch die Ungewissheit schien mir noch mehr Mut zu geben. Mut auf das Leben, was da noch kommen sollte. Einfach wird es nicht, das wusste ich damals schon. Doch es wird gut, denn wir sind nicht mehr allein. Wir sind aufgebrochen in eine neue Zeit. In ein neues Zeitalter. Immer werden sich Menschen auf den Weg in neue Zeiten begeben. Sie werden neue Welten entdecken. Und am Ende entdecken sie doch immer wieder nur eines ... sich selbst.

Stau

Ich erinnere mich an eine schier unglaubliche Geschichte, die mir meine Mutter einmal erzählte. Sie war früher viel unterwegs. Für eine kleine Firma verkauften sie Küchenprodukte. So kam sie viel rum und lernte Land und Leute kennen. Und immer, wenn sie wieder nach Hause kam, hatte sie eine Menge zu erzählen. Gespannt lauschte ich und konnte manchmal kaum glauben, was sie so erzählte ...

An jenem Tag war das kleine Verkaufsteam sehr weit von zu Hause unterwegs. Die Geschäfte gingen nicht so gut und so entschlossen sie sich, bereits am Nachmittag wieder nach Hause zu fahren. Die Autobahn schien an diesem Nachmittag aus allen Nähten zu platzen. Solch ein starkes Verkehrsaufkommen hatten sie schon lange nicht mehr erlebt. Angeregt unterhielten sie sich über die Erlebnisse des Tages und überlegten, wie sie das ein- oder andere vielleicht doch noch etwas besser machen konnten. Sie freuten sich bereits auf den wohlverdienten Feierabend mit den Lieben zu Hause, da kam es, wie es kommen musste. Sie fuhren geradewegs in einen Stau … Stöhnend und schimpfend hielten sie an. Einige Leute vor ihnen waren bereits aus den Fahrzeugen gestiegen. Andere versteckten sich hinter Büschen, um ihre Notdurft nach einer langen Reise zu verrichten. Wieder andere lehnten an ihren Fahrzeugen, um etwas zu essen oder zu trinken. So hatte jeder eine mehr oder weniger sinnreiche Beschäftigung für sich entdeckt. Mutter und die anderen unterhielten sich im Fahrzeug und lauschten der Musik aus dem Radio. Seit einer halben Stunde standen sie nun schon in diesem Stau, ohne dass sich etwas rührte. Die Hitze wurde unerträglich. Kleine Kinder weinten und man spürte die aufkommende Anspannung- wann ging es endlich weiter? Kurt, der Fahrer des Verkaufsteams rieb sich die Stirn. Dann meinte er, dass er mal schauen will, wie weit der Stau nach vorn reicht. Plötzlich kam ein riesiger Vogel angeflogen und setzte sich links neben das Fahrzeug. Er saß da und rührte sich nicht. Kurt wollte nach links fahren, um durch die Schneise in der Mitte des Staus zu schauen, wie weit er reichte … wegen des Vogels fuhr er nun nach rechts auf den Standstreifen. Im selben Augenblick knallte und krachte es hinter ihnen. Wie vom Donner gerührt hielten alle den Atem an. Zum Nachdenken kamen sie nicht mehr. Im gleichen Augenblick raste ein riesiger Track um Haaresbreite links an ihnen vorbei. Dabei riss er den linken Außenspiegel mit sich. Andere hatten nicht so viel Glück. Man hörte nur noch ein ohrenbetäubendes Splittern und Krachen. Dann ertönten unzählige Schreie ... schließlich gab es noch einen heftigen Knall, dann wurde es totenstill ... Das kleine Verkaufsteam saß noch immer regungslos in den Sitzen. Kurt fasste sich als Erster ... „Mein schöner Außenspiegel ...", stammelte er nur. Meine Mutter schaute aus dem Fenster. Wo war der Vogel geblieben? Er musste überfahren worden sein. Doch als sie auf die Straße schaute, lagen dort nur die Überreste des Außenspiegels. Kein toter Vogel, keine Spuren einer Verletzung ... nichts. Kreidebleich starrten sich alle an. Man wurde sich immer bewusster, dass man soeben unglaubliches Glück gehabt hatte. Wäre der rätselhafte Vogel nicht auf der Straße gelandet, wäre Kurt deswegen nicht nach rechts ausgewichen ... nicht auszudenken, was dann geschehen wäre. Als sie einige Zeit später am Unfallgeschehen vorbei gelotst wurden, erkannten sie, was ihren erspart blieb. Es war ein Trümmerfeld ohne Gleichen. Überall lagen persönliche Gegenstände der Opfer. Zahlreiche Fahrzeuge waren bis zur Unkenntlichkeit zerstört. Überall lagen Glassplitter und verbogene Metallteile herum. Särge standen am Straßenrand und Flammen züngelten aus einigen Wracks. Zitternde Menschen wurden von Rotkreuzmitarbeitern versorgt. Als sie sich einige Kilometer vom Unfallort entfernt hatten, löste sich die Anspannung und alle begannen, über das soeben Erlebte zu diskutieren. Sie konnten ihr unglaubliches Glück nicht fassen. Als Mutter zum Fenster hinausschaute, bemerkte sie, dass ein großer Vogel mit ihnen flog. Er segelte lautlos neben dem Fahrzeug her. Kurz vor der Autobahnausfahrt drehte sich der Vogel noch einmal um. Er schien auf der Stelle zu schweben. Dann verschwand er auf Nimmerwiedersehen …

Für Dich

Jahre sind vergangen
Hab mich oft verflucht
War da kein Verlangen?
War da keine Sucht?

Stehe hier im Regen
Warte noch auf Dich
Ich will endlich leben
Lass mich nicht im Stich

Kann es noch nicht fassen,
dass Du doch nicht willst
Ich werd Dich nicht hassen,
auch wenn Du nichts fühlst

Kommen werden Zeiten,
wo Du denkst an mich
Dann werd ich nicht bleiben
Doch ich denk an Dich …

Menschenleeres Haus

Menschenleer ist dieses Haus
Blumen fehlen, Türen, Luft
Keine Katze, keine Maus
Nur ein Vöglein ist's, das ruft

Höre zu dem kleinen Tier,
dass so viele Töne bringt
In dem Haus, das menschenleer
Wo nicht mal ein Radio singt

Plötzlich bin ich nicht allein,
denn mir scheint, da ist noch wer
Geh ins Badezimmer rein
Dieses ist nicht öd und leer

Denn dort planscht ein Kind, welch Freud
Voller Glück, mit lautem Ton
Und ich schaue wie betäubt
Wem gehört nur dieser Sohn?

In dem menschenleeren Haus
Ist es da, bringt Leben her
Da fällt ab so mancher Graus
Gar nichts ist mehr wie vorher

Menschenleer war dieses Haus
Menschenleer doch jetzt nicht mehr
Wozu brauch ich Katz und Maus,
wenn laut lacht ein Kind all hier …

Vers

Dies ist ein Vers, kurz vor der Nacht
Ich schreib ihn lieb, ich schreib ihn brav
So friedlich für die selige Nacht
ist mir noch nie ein Traum erwacht

Gleich wird's hier dunkel – Tag ade
Ich Dich nie mehr wiederseh
So vieles kommt und geht vorbei
Doch jetzt BY BY, ich bleib Euch treu!

Unterm Baum

Ach Du schwaches Bäumchen mein
Hast mich vorm Regen gut beschützt
Und auch behütet Laus und Stein
Ach Du schwaches Bäumchen mein
Sei wohl geliebt und stets begrüßt

Dein zartes Blattwerk widerstand
Am Wurzelwerk hab ich´s gespürt
Du bliebst doch grün und frisch im Land
Dein zartes Blattwerk widerstand
Hab drunter meine Maid verführt

Ob es nun regnet oder schneit
Ob der Orkan Dich beinah knickt
Hier hab ich Liebe, Traum und Freud
Ob es nun regnet oder schneit
Du bist für mich vom Glück ein Stück

Er

Ich traf ihn, als er in die große Stadt
gekommen war
Er wollte doch nur glücklich sein
Und wollte nicht viel mehr
Wir zogen durch Straßen und alles war so
klar
Damals, als er hierher gekommen war
Er wollt nur fröhlich sein und kam vom
weiten Meer

Ich sah ihn, als er enttäuscht heimwärts leis
entschwand
Es war so still um mich wie nie
Sein Lächeln nur blieb hier
Ich folgte bis zum großen Meer, als ich
erkannt-
er war enttäuscht und er entschwand
Mir blieb nur jene Zeit, die ich nie mehr
verlier

Am Meer

Die Sonne lacht und weint so laut
Hab mir ein Haus auf Sand gebaut
Am Meer war ich zu Haus so oft
Geliebtes Land, das lang erhofft

Es spieln die Möwen an dem Strand
Hier hat mein Herz das Leid verbannt
Ich hab das Meer so sehr gebraucht
Bin tief im Wasser eingetaucht

Und die Entscheidung fällt so schwer
Ich geh nur kurz, komm wieder her
Hier schlägt mein Herze und mein Glück
Ich komm sehr bald zu Dir zurück …

Fort!

Du bist fort
Oh lass mich doch noch etwas sagen
Warum nur es nichts zu fragen
Du bist weit fort
Ach, zu weit fort

Du bist fort
Es zieht der Herbst tief in die Seele
Still jetzt das Haus der alten Mehle
Und Du bist fort
Ach, so weit fort

Du bist fort
Der Sturm peitscht kalten Regen nieder
Verlassene Wege, stumme Lieder
Denn Du bist fort
Ach, so weit fort

Überschwang

Oh Du holde Abendlandschaft
Hast mich verzaubert
Und ich fließ dahin
Und fall in Deinen Strudel
Ich spürs, aus dem Inneren der Erde
Schießt ein Saft
Gnade, ehrwürdige Mutter
Halt mich noch ab von jenem Trubel

Oh Du gierig heiße Nacht
Begräbst mich unter glühend heißer Asche
Bis ich erstick und erschöpft vergeh
Fern des Tags, zu spät
Ich war zu durstig da
Und kannte doch die alte Masche- verzeih
Nur leben wollt ich
Am aufgesparten Liebeshunger lag's …

Kabinett der Puppen

Ich war im Kabinett der Puppen
Es war ein ziemlich mieser Schuppen
Der Wind verging sich an den Fenstern
Ich schien umgeben von Gespenstern

So reglos standen Wachsgestalten
Die hatten ihren Platz behalten
Von Spinnweben schon eingehüllt
Haben sie einst ihren Sinn erfüllt

Der Wind zerbrach die dünnen Scheiben
Er wollt die Puppen wohl vertreiben
Doch fieln sie nur im starken Wehen
Ich konnte selbst kaum widerstehen

Zerbrochen lagen sie am Boden
Die Puppen, die uns einst betrogen
Doch Puppenhäuser gibt's noch viel
Dort weht der Wind noch ruhig und still ...

Weiden

Es stehen die Weiden der Friedensallee
Und es ist wieder Winter
Es fällt wieder Schnee
Wer pflanzte die Bäume, es ist doch so kühl
Man wird's nie erfahren-
sie schweigen zu still

Ich sehe die Weiden mit schwerem Geäst
Und ich hör wieder einen,
der Dümmliches schwätzt
Keiner will glauben, dass der ist so dumm
Die Weiden sind ängstlich und fragen –
Warum?

Da biegt ein Sturm jene Weiden fast um
Und sie könn sich nicht wehren,
ertragen es stumm
Ihre Wurzeln allein halten fest in der Erd,
die vom Blut all der Toten
lang liegen beschwert …

Flieger

Es steigt das Flugzeug hoch und höher
Es fliegt und summt über die Täler
Wie gern würd ich jetzt mit ihm ziehn
Aus jenem Alltag mal entfliehn

Doch bald entschwindets meinem Blicke
Und vorm Gesicht tanzt eine Fliege
Tuts gleich dem Flieger, schwirrt herum
Ich fühl mich lahm und schwach und dumm

Jedoch schon bald werd selbst ich fliegen
Werd himmelhoch durch Wolken ziehen
Dann wird er wahr, mein großer Traum
Endlich die Welt im Flug beschaun …

Mutter

Mutters Gesicht strahlt so viel aus
Liebe und Wärme
Sehnsucht nach zu Haus
Da strahlt ein ganz besonderes Licht
Ich brauch meine Mutter
und auch ihr Gesicht

Mutters Hände schützen so oft
Haben behütet
Und haben so gehofft
Die Mutter ist der beste Schatz
Der braucht im Herzen den wichtigsten Platz

Mutters Kraft ist fast grenzenlos
Scheint ohne Ende
Macht mich so groß
Meine Mutter ist der teuerste Freund,
der mein Leben stets golden umsäumt

Hollywood

Abstrakte Gesichter,
ein Hauch von „Verrückt"
Die glatzigen Köpfe sind lila perrückt
Nichts ist hier standhaft,
nichts fest beschuht
Hier ist die Scheinwelt
Von Hollywood

Rolls-Royce- Limousinen
Manch Cabriolet
Das Ganze schon morgen vom Winde
verweht
Hier ist niemand ehrlich
Du darfst keinem traun
Hier wollen die Träumer
Luftschlösser aufbaun

Es gibt wenig Liebe
Doch wird man geliebt
Hier lebt jene Welt, die man doch nicht
versteht
Am Mittag gesättigt
Am Abend verflucht
Hier kann man nicht leben
Hier ist Hollywood

Nacht

Es scheint die Nacht zu reden
Und Sterne stehn und beten
Der Mond schaut allem zu
Er fühlt sich wohl, hat Ruh

Die Nacht schaut durch das Fenster
Bin ich des Traumes Tänzer?
Ich flieg hinauf ins All,
bevor ich wieder fall

Und überall sind Stimmen
Die Sterne stehn und glimmen
Was für ein Märchenreich
Da wird mir gut und leicht

Dann falln sie zu, die Augen
Und niemand wird mir glauben
von jenem Zauberland,
wo ich mich wiederfand ...

Warum

Warum denn in die Ferne schweifen,
wenn alles Gute liegt so nah
Die Heimat will ich jetzt begreifen
Nicht das, was irgendwo geschah

Warum die tote Venus lieben,
wenn meine Liebe noch nicht reif
Hier bin ich gern und Mensch geblieben,
weil ich hier alles schnell begreif

Warum sich von der Welt erheben,
sie zu verlassen einmal ganz
Warum nicht nach der Erde streben
und sie erbaun im schönsten Glanz

Es gibt so viele fremde Welten,
die schweben prachtvoll irgendwo
Man lebt doch hier, ist viel zu selten
zufrieden und zu selten froh …

An den Mond

Oh Du wundervoller Mond
Als goldne Scheibe hängst Du heut tief
Am nachtschwarzen Firmament
Doch dunkle Schleier beginnen
Dich zu umhülln und mir wird's kalt
Und schwärzer wird's um mich
Geheimnisvolle Stille
Aber Du bist ja noch da!
Dein Glanz ist niemals Dir genommen
Und niemand nimmt ihn jemals Dir
Oh Du wunderbarer Mond
Spiegelbild am nächtlichen Gestade
Ich sitz auf dem Bootssteg und träum mit Dir
Bist mir geblieben als Licht,
das immer da war
In nachtschwarzer Dunkelheit und der
Unendlichkeit der Angst
Vertreibst die dunklen Schleier mir
von meiner Seele
Jedoch Dein Licht ist mir so kalt
Und fern bist Du, ach Mond, ferner Geliebter
Ich sah Dich nie nah vor mir
Nur Dein Gesicht, dort oben
Und in meinen Träumen stell ich mir vor,
ich wär bei Dir
Und in der märchenhaften Stille
hast Du mich verzaubert

in jenem unfassbaren Universum
Komm, lass mich schweben
mit Dir zusammen
Doch bald wird's Tag
Der Träume Ende …

Wolken

Wolken vor dem Mond
Ob das Warten sich noch lohnt?
Viel entzieht sich meinen Blicken
Wird mir die Erkenntnis glücken?
Ich zieh nicht aus freien Stücken
Wolken vor dem Mond

Wolken vor dem Mond
Angst kommt auf, die sich nicht lohnt
Hat sich doch ins Hirn geschlichen
Kurz ist auch mein Traum verblichen
Sehr viel Zeit ist schon verstrichen
Wolken drohn vorm Mond

Wolken vor dem Mond,
der ruhig dort am Himmel thront
Endlich hab ich mich entschieden
Bin trotz allem hier geblieben
Will nicht kampflos gehn gen Süden
Klar scheint nun der Mond

Warten

In der Nacht ist kein Mond zu sehn
Ich bleib noch immer am Fenster stehn
Und schau zur Uhr
Du bist noch nicht gekommen
Wird sich mein Warten lohnen?
Kein Mondlicht, nichts
Was ist passiert? Wo bleibst Du nur?

In der Nacht bleibt mein Haus allein
In meiner Hand – die Flasche Wein
Schon halb geleert
Ich weiß nicht, ob es Sehnsucht ist,
was da an meiner Seele frisst
Und es beginnt ein leiser Regen
Und ich warte und alles scheint verkehrt

In der Nacht ist mein Bett so leer
Manch wirrer Traum – im Wein ertränkt
Ich träum Dich her
So viel hatt ich mir ausgemalt
Ob doch noch meine Sonne strahlt?
Der rauschende Wald macht alles so schwer

Herbst

Der Mond ist lang nicht mehr zu sehn
Ich geh am Rain entlang
Und schau ins Nichts
Die Jahre sind vergangen, so sinnlos
Und meine Uhr trage ich schon lang nicht
mehr
Ich hab nur meine Träume
Doch ich weiß es längst
Herbst ist's nun geworden

Der Himmel zieht sich seltsam zu
Ich geh zum See hinunter
Und schau ins Nichts
Zu lang bin ich allein geblieben
Wo ist das Lachen aus der fernen Kinderzeit?
Ein Wind kühlt meine Seele
Und ich weiß es längst
Herbst ist's nun geworden

Wolken ziehen durch die schwarze Nacht
Regen fällt hernieder
Und ich schau ins Nichts
Schon balde ist's am Rain zu feucht
Meine Schritte werden schwach und schwer
Ich geh zurück zum Hause
Ja, ich spür es längst
Herbst ist's nun geworden

Einsicht

Du glaubtest mal, schlecht wär die Welt
Verrückt, verboten und zu blöd
Dir fehlte Mut, Dir fehlte Geld
Dein Leben schien vom Wind verweht

Du gingst auch nie zu früh ins Bett
Du hättest wohl etwas verpasst
Hast nur gelächelt lieb und nett
und manchen Text umsonst verfasst

Du sagtest oft: „Ich geb nicht nach!"
Man braucht ein Ziel, dann lebt sich's gut
Denn Du bist Mensch und Du bist wach
Doch bist nicht mehr jung genug?

Du glaubtest stets, hässlich zu sein,
weil niemand mit reden wollt
Doch blieb Dein Leben gut und fein
Du hattest eine Uhr aus Gold

Jetzt bist Du anders und bist alt
Doch tot bist Du noch lange nicht
Und ist die Welt mal dumm und kalt,
bewahrst Du nun Dein Angesicht

Die Nacht ...

Die Nacht ist alt und mündet in den trüben
Morgen
Lieg plötzlich wach und die Erinnrung perlt
durchs Hirn
Wie auch der Regen an den Scheiben – nichts
bleibt da verborgen
Ein Hauch von Angst in mir und heiß ist mir
die Stirn

Seh Bild für Bild aus meinen alten Zeiten
Die Einsamkeit zwingt zum Überdenken
irgendwann
Nein, nie wollt ich ganz ohne Worte,
ohne Hoffnung bleiben
Was für Traum, was für ein Gedanke
an den harten Supermann

Ich musst so oft manch fremd Problemchen
hören
Und als ich selbst am Boden, komisch, warn
alle Freunde fort
Mir fiel es schwer, die kalte Welt tagsüber
abzuwehren
Und heulte in die Kissen, nachts,
an manch gut verstecktem Ort

Da warn die nimmermüden Schreie nach der
Liebe
Und so manch lügenhaftes Wodkaglas nahm
ich mir zum Ersatz
Ich kehrt zurück nach Haus, stets, dort gab
es keine Hiebe
Weil dort die Mutter drehte ab den Hahn
vom bösen Gas

Kannt so viel Menschen, doch wirklich kannt
ich keinen
War unterwegs und doch triebs mich
irgendwann nach Haus
Wohl baut ich Wälle aus zu großen und zu
spitzen Steinen
Und als der Winter kam, traut ich mich nicht
mehr raus

Ein Zweifel kam – ich wollt bestehn vor all
den fremden Menschen
Hab ich versagt, dass ich jetzt resignierend
Verse schreib?
Ich bin kein Held und hatt nie Lust und Mut
zum Kämpfen
So fand ich keinen Weg aus jener stummen
tristen Dunkelheit

Die Nacht ist alt und hell ist's nun geworden
S′ ist Sonntag heut und ein Vöglein singt im
nahen Baum
Wie viel sind wortlos, krank und irgendwo
gestorben?
Ich bin gesund, kann reden und suche weiter
meinen großen Traum ...

Glauben

Fühl mich verstoßen von dem Gott
Er lässt mich fallen, einfach so
Und hat mich wohl niemals geliebt
Und lässt mich büßen – irgendwo
Und irgendwann frag ich – warum?

Weil ich für kurze Zeit geglaubt,
es gäb den wahren Glauben
an die Menschen und an IHN und an das
Gute
Und an die Reinheit in manch Blute
Und an jenen guten Tag, der käme

Ich hab gehofft, es würde besser,
die alten Träume und das Leben
All das würde mir vielleicht einmal gegeben
Kein Darben mehr und keinen Hass
Und nie mehr Trübsinn hier auf Erden

Der Glaube ist noch nicht gestorben
Gibt es ihn doch, den großen Gott?
Bleibt die Angst vorm Verderben und vorm
Tod?
Bleibt eingeschwärzt mein schwaches Hirn?
Trifft Unheil weiterhin die arme Seele?

Ich weiß, ich bin! Das ist meine Erkenntnis!
Bin nicht verloren und ich glaube fest!
Er muss nicht alle lieben
Und wenn er mich doch sehen sollt,
dann will ich beten, um alles hier zu lieben!

Wind

Zum zehnten Mal der Blick zur Uhr
Wo bleibst Du nur?
Wollt heute nicht alleine bleiben
Und nicht nur tausend Briefe schreiben
Du bist nicht da und wolltest heute kommen
Und wieder streicht der Wind ums offne
Fenster

Dann bist Du da – die Uhr ist lang vergessen
Wie schön das ist
Und doch will sie nicht gehen
Diese endlose Leere in meinem Kopf
Ich fühle mich wien dummer alter Tropf
Und lautlos streicht der Wind ums offne
Fenster

Warum keine Idee, kein glühend heißer
Funke?
Noch bist Du da
Und willst auch nicht mehr gehen
Ich will jetzt einfach nicht mehr weiter
denken
Und werd Dir einfach meine Liebe schenken
Und plötzlich kommt der Wind durchs offne
Fenster …

Wiedersehen

Es war ja nur ein bisschen Ruhe, was sie sich am Abend ihres langen Lebens noch wünschte. Oma Paulsen lebte in einem idyllisch gelegenen Pflegeheim am Rande einer großen Stadt. Irgendwie spürte sie einen Hauch von Abschied in sich. Sie konnte es niemandem beschreiben und sie hatte auch keinen, dem sie es hätte sagen können. Wenn sie in ihrem Bett lag, schaute sie oft durch das geöffnete Fenster hinauf in den Himmel. Die Sterne schienen ihr so nah … viel zu nah. Sie wollte eigentlich noch gar nicht dorthin. Doch sie fürchtete sich nicht. Manchmal hörte sie den Mond, wie er zu ihr sprach: „Komm, komm zu mir. Brauchst jetzt endlich Ruh. Ich warte auf Dich.". Dann schloss sie ganz schnell ihre Augen und schlief ein. Das tägliche Einerlei ließ sie schon lange kalt. Sie kannte es ja immerhin lange genug. Und wer sollte sie jetzt noch bekehren? Immer musste sie sich durchkämpfen.
Geschenkt wurde ihr nie etwas. Da hieß es nur … Durchhalten! Und immer, wenn die Krankenschwester nach ihrem Befinden fragte, zog sie ein saures Gesicht und meinte dann zickig: „Na, wie soll es mir schon

gehen! Ich leb ja noch! Holen Sie mir lieber eine Tasse Tee.". Dann lief sie mit ihrem Stock, so schnell sie noch konnte, hinaus in den Park. Auf der alten Bank unter den Linden, wo sie keiner fand, träumte sie vor sich hin und erinnerte sich an die alten, längst vergangenen Zeiten …

Ach liebe Oma Paulsen
Du denkst so oft ans Glück
Du warst so jung an Jahren
Und warst einst so verrückt

Ach liebe Oma Paulsen
Der Wind streicht durch Dein Haar
Jetzt träumst Du untern Linden
Von dem, was damals war …

Ein bisschen wehmütig schaute sie hinüber zu dem kleinen Teich im Schilf. So gern würde sie noch mal in das kühle Nass springen- so richtig kraftvoll und mutig. Nein, ängstlich war sie damals nie. Doch das Alter hatte wohl die Knochen weich gemacht- aber nur ein ganz klein wenig. Die alte Bank war niemals schmutzig. So oft, wie sie auf ihr gesessen hatte, blieb nahezu kein Stäubchen auf ihr haften. Nur die weiße Farbe blätterte so langsam von ihr ab. An diesem Tage regnete es, und es wollte einfach nicht mehr aufhören. Eigentlich wollte die Schwester nicht, dass Oma Paulsen bei diesem Wetter nach draußen ging. Schließlich blinzelte aber doch noch die Sonne durch die Wolken. Und die sonst so mürrische Schwester ließ sich umstimmen. Draußen war es kühl und über dem Gelände lag ein würzig frischer Geruch von feuchtem Laub. Oma Paulsen liebte das sehr und atmete tief ein. In jeder Ecke des Parks hatte sich der Herbst niedergelassen. Doch irgendwie schien es viel stiller als sonst zu sein. Kein Vogelgezwitscher, kein Rascheln, nichts. Nur unzählige Regenwürmer sielten sich in den Pfützen der morastigen Wege. Plötzlich fühlte sie sich wieder jung und unendlich stark. Vielleicht lag das ja an der frischen Luft und an dem würzigen Aroma, welches unablässig in ihrer Nase kitzelte. Die alte Bank unter den mächtigen Linden war trocken geblieben. Im Wasser des kleinen Teiches spiegelte sich die noch immer anwesende Sonne wider. Was für ein wunderbares Schauspiel der Natur. Von der Sonne geblendet hielt sie sich die Hand vors Gesicht und nahm genüsslich auf der Bank platz. „Ach, wie herrlich!", seufzte sie leis. Als sie ihren Stock an die Bank lehnte, fiel ihr ein Briefumschlag auf, der zwischen den morschen Latten der Lehne klemmte. Erstaunt zog sie den Umschlag hervor. „Wie kommt der denn hierher? Hat den jemand vergessen?", wunderte sie sich. Der Umschlag war total durchnässt und der Regen hatte die Buchstaben bereits verwischt.

Nervös holte sie ihre starke Hornbrille aus der Manteltasche hervor. Dann versuchte sie, die Schrift auf dem Umschlag zu entziffern … „An Oma Paulsen" stand da fast schon unleserlich geschrieben. „Das gibt's doch gar nicht!", rief sie erstaunt. Neugierig riss sie den Umschlag auf und zog den sorgfältig gefalteten Bogen heraus. Dann las sie die handgeschriebenen Sätze: „Hochgeschätzte Frau Paulsen. Ich habe Sie schon ein paar Tage hier im Park beobachtet und festgestellt, dass ich sie kenne.". Verunsichert schaute sie sich um. Wer konnte das gewesen sein? Sie konnte aber niemanden entdecken und las weiter. „Übrigens kennen Sie mich auch. Erinnern Sie sich … damals in Berlin, gleich nach dem Krieg? Sie haben mich aufgelesen und gepflegt. Ich war damals noch ein kleiner Junge und ich hatte keine Eltern mehr. Vielleicht fällt es Ihnen wieder ein? Mein

Name ist Adrian aus Breslau. Also dann schöne Stunden noch ...". Mit zittrigen Händen faltete sie den Brief zusammen und wischte sich die Tränen aus den Augen. Ja, natürlich erinnerte sie sich noch. Adrian, der kleine Junge, der immer groß sein wollte und auch immer zu Scherzen aufgelegt war. Auf einmal war er mit Sack und Pack verschwunden, ohne zu sagen, wohin er wollte. Sie kam damals nicht darüber hinweg. Und auch jetzt, nachdem sie diese Zeilen gelesen hatte, schien ihr plötzlich das Herz zu zerbrechen. Allein der Gedanke an Adrian, an die Nachkriegszeit. Wie haben sie damals gekämpft um ein Stück Brot. Stein auf Stein haben sie gestellt, die Trümmer des Krieges weg geräumt ... die Männer waren im Krieg geblieben ... Sie schaute sich noch einmal um. Irgendwo musste er doch stecken. Sicher beobachtete er sie, sie fühlte es genau. „Adrian!", rief sie laut, „Kommen Sie doch hervor, ich weiß, dass Sie hier sind!" Aber es blieb ruhig. Nur eine riesige Regenwolke hatte sich vor die Sonne geschoben. Es wurde immer dunkler und die ersten Tropfen rieselten zur Erde. Jetzt wurde ihr die Sache zu dumm. Außerdem fror sie ein wenig. Sie stand auf und begab sich langsamen Schrittes zurück zum Haus.

Plötzlich tippte ihr jemand auf die Schulter. Sie erschrak, doch hatte sie irgendwie darauf gewartet. Lächelnd drehte sie sich um. „Adrian … Sie?" „Nein Du …", sagte der ältere Herr hinter ihr. Mit seinem schlohweißen Haar auf dem Kopf nickte er wie ein kleiner Junge und drückte sie fest an sich. Sie hatte ihn sofort erkannt, als hätte es die vielen Jahre dazwischen nie gegeben. Die beiden begaben sich zurück zur Bank. Adrian spannte seinen großen schwarzen Stockschirm auf und die beiden unterhielten sich darunter, bis es dämmerte. Kalt wurde es, doch das störte die beiden nicht. „Gefällt es Dir wirklich hier im Heim?", fragte Adrian mit leiser Stimme. „Lass uns einfach abhauen. Komm mit zu mir in mein kleines Haus am Waldrand. Wir eröffnen ein Detektivbüro und beobachten die Leute … heimlich, ohne dass die etwas merken …"! Oma Paulsen warf Adrian einen misstrauischen Blick zu. Hatte er das wirklich ernst gemeint? Ein Detektivbüro … in unserem Alter … verrückt … na ja, so war er ja schon immer … Sie wollte ausweichen. Aber als sie an das tägliche Einerlei, die ewig fürsorgliche Schwester und die triste Einsamkeit dachte, willigte sie ein. „Wann solls denn losgehen?", erkundigte sie sich grinsend. Adrian hob den Kopf und meinte dann vielsagend: „Na sofort! Komm!" Die beiden erhoben sich und versteckten sich zunächst hinter einer dichten Hecke. Aus der Ferne ertönte bereits die nervige Stimme der besorgten Schwester. Doch sie konnte Oma Paulsen nicht finden. Die lag vergnügt in Adrians Armen und freute sich diebisch, der Schwester eins ausgewischt zu haben. Dann begaben sich die beiden Flüchtlinge auf Umwegen zum Parkplatz, wo Adrians Wagen stand. Sie stiegen ein und brausten davon. Unterwegs lachten sie aus voller Kehle und Oma Paulsen war so glücklich wie schon seit Jahren nicht mehr. „Aufregend … aufregend …!", stieß sie hervor und trällerte dabei vergnügt einen Schlager aus ihrer Jugendzeit. Die beiden kehrten niemals mehr zurück und nur der Mond wusste, wo sie jemals ankamen …

Das Bildnis

Als Kind konnte meine Mutter wunderbar zeichnen. Sie hatte ihre alte Zeichenmappe in ihrem Kleiderschrank versteckt. Doch wenn sie nicht da war, holte ich sie hervor und betrachtete die Bilder. Ich fand sie wunderschön. Das Bild, welches mir am besten gefiel, zeigte ein großes Gebäude, welches von einem Park mit vielen Bänken umgeben war. Auf einer dieser Bänke saß eine alte Frau. Alles war so eindrucksvoll abgebildet, dass es beinahe wie ein Foto aussah. Irgendwann fragte ich Mutter, wo sie dieses Haus gesehen habe und wer diese alte Frau sei. Doch sie lächelte nur und meinte, dass sie alle Bilder nur aus ihrer Fantasie heraus gezeichnet hätte. Ich fand das merkwürdig, weil es mir schien, als habe sie es abgezeichnet. Meine Mutter hatte noch eine Schwester, Tante Vera. Nach einem heftigen Streit aber war der Kontakt zu ihr abgebrochen. Wir wussten nicht, ob sie noch lebte und wenn, wo sie sich aufhielt. Doch Mutter wollte sie so gern noch einmal wieder sehen. Als ich eines Tages auf dem Heimweg von einer Dienstreise war, geschah etwas, dass mich heute noch verwundert. Wegen eines Unfalles auf der Autobahn wurde der Verkehr umgeleitet. Ich war gezwungen, über die Dörfer nach Hause zu fahren. Es war Herbst und wieder einmal gab es einen heftigen Regenschauer. Schon bald konnte ich die Straße nicht mehr erkennen und fuhr auf einen kleinen Parkplatz. Es dauerte ewig, bis sich der Schauer verzogen hatte. Schon dämmerte es und Nebel breitete sich aus.

„Auch das noch!", schimpfte ich vor mich hin. Verzweifelt schaute ich zur Uhr. Ich hatte meiner Mutter versprochen, in einer Stunde noch bei ihr vorbei zu schauen. Da mir klar war, dass ich es nicht mehr rechtzeitig schaffen würde, wollte ich sie mit dem Handy informieren. Doch der Akku war lehr! Es half nichts, ich musste aussteigen und nach einer Telefonzelle suchen. Ich lief durch den Nieselregen die einsame Landstraße entlang, bis ich schließlich zu einem herunter gekommen Anwesen gelangte. Der Zaun machte einen morschen Eindruck und war teilweise umgestürzt. In dem verwilderten Garten standen hohe Bäume, die teilweise umgeknickt an der Fassade des Hauses lehnten. Ich klingelte und eine alte Frau öffnete die Tür. Als sie humpelnd die schmale Treppe hinunterlief, fiel mir plötzlich Mutters Bild ein. Verblüffend erschien mir die Ähnlichkeit mit der alten Frau auf dem Bild. „Na junger Mann, was haben Sie denn auf dem Herzen?", murmelte sie mit zittriger Stimme. Noch ein wenig irritiert berichtete ich ihr von meinem Erlebnis und fragte sie, ob ich kurz telefonieren dürfte. Freundlich aber sehr energisch gewährte sie mir Einlass in ihr

Haus. In dem großen Raum, in welchem ich mich nun befand herrschte gähnende Leere. Nur ein uraltes Telefon stand auf einem ebenso alten wie wackeligen Holztischchen. „Bitte schön, junger Mann! Bedienen Sie sich!". Ich rief meine Mutter an und beruhigte sie. Von der merkwürdigen Bekanntschaft mit der alten Frau erwähnte ich jedoch nichts. Erleichtert wollte ich der alten Frau das Telefongeld auf das Tischchen legen. Doch sie schüttelte mit dem Kopf, meinte nur: „Lassen Sie mal. Das hab ich doch gern getan. Aber Sie können mich ja mal anrufen, wenn Sie zu Hause angekommen sind.". Bei diesen Worten riss sie von einer herumliegenden alten Zeitung ein Stück ab und kritzelte eine Telefonnummer darauf. Dann verabschiedete ich mich und bedankte mich noch einmal für die schnelle Hilfe. Als ich zu Hause angekommen war, wollte ich die alte Dame zurück rufen. Doch am anderen Ende meldete sich lediglich ein Krankenhaus. Noch einmal schaute ich auf den Zettel. Vielleicht hatte ich ja nur die Nummer falsch abgelesen. Dazu drehte ich den Zettel um. Unter einem Foto, welches einen tragischen Autounfall zeigte, stand eine Adresse. Die Schrift war nur schwer zu lesen. Ich entzifferte einen Namen. Es handelte sich um den Namen der vermissten Schwester meiner Mutter, Tante Vera. Es stellte sich heraus, dass sie nach einem Autounfall dorthin eingeliefert wurde. Sie konnte nicht mehr sprechen und hatte ihr Gedächtnis verloren. Wir waren erleichtert, dass wir sie nach all den vielen Jahren endlich wieder fanden. Da sie keinerlei Angehörigen mehr hatte, wollten wir uns um sie kümmern. Wenig später fuhren wir zu ihr, um sie abzuholen. Schon als wir in den kleinen Park einbogen, welcher das Krankhaus umgab, stutzte ich. Auf einer der vielen Bänke saß eine alte Frau. Sie verzog keine Miene und neben ihr an der Bank lehnten zwei Krücken. War das die Alte, bei welcher ich telefoniert hatte? Und ähnelte sie nicht der alten Frau auf Mutters Bild? Als ich schließlich das Krankenhaus vor mir sah, wusste ich es genau - es war jenes Gebäude, welches meine Mutter als Kind gezeichnet hatte ...

Das Mädchen

Tom Fields lebte allein auf dem Land. Sein altes Haus hatte wie er selbst dringend eine Rundumerneuerung nötig. Doch das Geld war knapp und eine Besserung nirgends in Sicht. Und es kam noch viel schlimmer. Nach einer durchzechten Nacht kam er am nächsten Morgen zu spät zur Arbeit. Sein Chef, der für solcherlei Dinge keinerlei Verständnis zeigte, warf ihn kurzerhand auf die Straße. Völlig verzweifelt und am Boden zerstört fuhr Tom nach Hause. Das Auto stöhnte verdächtig, würde es wohl auch nicht mehr lange machen. Zu Hause holte er sich die letzten Bierreserven aus dem Kühlschrank und soff bis er schließlich einschlief. Gegen Mitternacht wurde er wach. Ein seltsames Geräusch, welches von draußen kommen musste, holte ihn aus dem Schlaf. Es hörte sich an wie Gesang. Immer noch torkelnd und völlig übermüdet tastete sich Tom zum Lichtschalter. Doch der Strom war bereits abgestellt. Er hatte nicht einmal mehr das nötige Geld um die Rechnung zu bezahlen. So tastete er sich nach draußen. Kühler Wind wehte ihm um die Nase. Nach dem er einmal tief durchgeatmet hatte, starrte er in die Dunkelheit. Das Geräusch,

der vermeintliche Gesang schien ganz nah. Nur wo? Nicht weit vom Haus entfernet lag einsam ein kleiner See. Tom lief geradewegs auf dessen Ufer zu. Hinter den Baumwipfeln erschien der Mond und tauchte den See in ein gespenstisches Licht. Die umstehenden Tannen warfen lange Schatten auf die Wasseroberfläche. Plötzlich sah er, wie ein Boot vom anderen Ufer zu ihm herüber fuhr. Eine Person stand darin. Das Boot schien von ganz allein zu fahren. War es ein Motorboot? Doch ein Motorengeräusch konnte er nicht hören. Vielmehr ertönte ein wunderbarer Gesang.

„Komm ans Ufer, komm nur schnell.
Wart nicht, bis der Tag zu hell.
Komm nur komm, ich warte schon.
Hol dir deinen reichen Lohn."

Schnell erreichte das Boot das Ufer. Ihm entstieg ein weiß gekleidetes Wesen. Und obwohl der Mond nicht sehr hell schien, war es, als ob das Boot in hellem Lichte trieb. Das weiß gekleidete Wesen entpuppte sich als wunderschönes Mädchen mit langen blonden Haaren. Tom blieb vor Staunen der Mund offen stehen. Was für ein wunderschönes Mädchen. Was für ein

Zauber. Tom glaubte, seinen Augen nicht mehr zu trauen. Das Mädchen lächelte ihn an. Dann sprach es leis: „Ich bin zu dir gekommen, weil du jemanden brauchst, der dir hilft. Ich werde für dich da sein, einen Sommer lang. Doch du musst mir etwas versprechen. Niemals darfst du diesen See verlassen. Denn ich werde nur nachts hier erscheinen". Keiner konnte in diesem Moment erahnen, wie glücklich Tom war. Er versprach, immer am See zu bleiben. Das Mädchen küsste ihn auf die Wangen und sagte zum Abschied: „Ich danke dir. Du wirst bald sehen, dass es wieder besser wird. Du musst nur ganz fest daran glauben.". Das Mädchen stieg in das Boot zurück und verschwand augenblicklich im plötzlich aufkommenden Nebel. Tom lief zum Haus zurück und legte sich todmüde ins Bett. Noch immer glaubte er, all das nur geträumt zu haben. Doch er fühlte sich wohl, spürte, dass er nicht mehr allein war. Und er spürte deutlich, dass sich sein Leben fortan verändern würde. Jede Nacht traf er sich mit dem Zauberwesen. Und schon bald erreichte ihn die Nachricht, dass ihm sein verstorbener Onkel einen sehr hohen Geldbetrag hinterlassen hatte. Zur Testamentseröffnung aber musste er in die

Stadt. Er erinnerte sich an die Worte des Mädchens, den See den Sommer über niemals zu verlassen. Doch er musste fort. Er brauchte dringend das Geld. Als er in den folgenden Nächten wieder an den See hinausging, wartete er vergebens. Nur eine Stimme sang ein trauriges Lied:

> *„Ach mein lieber fremder Mann.*
> *Warst nicht treu und gingst davon.*
> *Wollt bei dir sein, dann und wann-*
> *Ach mein lieber fremder Mann*
> *Tränen bleiben mir zum Lohn."*

Tom war am Ende. Sollte er das liebliche Mädchen niemals wieder sehen? Jede Nacht lief er hinunter ans Ufer. Und er weinte bitterlich. Seine heißen Tränen tropften in den See und es war, als ob ihr Tropfgeräusch leise verhallte.

Eines Tages, Tom fuhr mit seinem neuen Auto in die Stadt, sah er eine Tramperin am Straßenrand. Sie hatte einen zerschlissenen Rucksack auf dem Rücken und eine Sonnenbrille auf der Nase. Ihre kurzen blonden Haare hatte sie unter einem Basecap versteckt. Tom hielt an, um die Tramperin ein Stück mitzunehmen. Wortlos stieg die sie in den Wagen. Dann nahm sie ihre

Sonnenbrille ab und Tom erschrak fürchterlich. Es war das junge Mädchen vom See. Sie lächelte ihn an und er wusste sofort, dass er die Frau seiner Träume gefunden hatte. Einige Zeit später heirateten die beiden. Auf seine Frage, warum sie immer nur nachts erschien und plötzlich am heller lichten Tage auf der Straße einher lief antwortete sie lediglich mit den Worten: „Ich war verflucht. Deine Tränen, die in den See tropften, haben mich befreit.". Mehr erzählte sie nicht. Und niemals mehr sprachen sie darüber. Die beiden zogen in die große Stadt, weit weg vom alten Haus und dem kleinen See. Doch manchmal, wenn Tom nicht schlafen konnte, hörte er einen leisen Gesang, der wie eine sanfte Brise durch die Fenster glitt ...

„Ach mein lieber fremder Mann.
Bist nun glücklich und bist froh.
Denk an mich, so dann und wann.
Ach mein lieber schöner Mann.
Manchmal ist das Leben so ..." ...

Der Clown

Joe Brown hatte kein Glück. Egal, was er auch immer anpackte, es ging schief. Und da alle Welt über ihn lachte, beschloss er, Clown zu werden. Er schloss sich einem kleinen Wanderzirkus an. Jede Woche in einer anderen Stadt, das gefiel ihm. Doch obwohl die Leute tatsächlich über ihn lachten, verdiente er kaum etwas. Der kleine Zirkus hatte einfach zu viele Ausgaben. Was er für seine abendlichen Späße bekam, reichte gerade so zum Überleben. Joe nahm es hin. Er hatte sich längst damit abgefunden, kein Glück im Leben zu haben. Eines Tages rief ihn der Besitzer des kleinen Zirkus in seinen Wagen. Er unterbreitete ihm, dass er ihn nicht mehr länger bezahlen könnte. Zwar durfte Joe weiterhin seine Späße machen, doch leider ab sofort ohne Entlohnung. Joe war am Boden zerstört. Zu allem Unglück erreichte ihn die Nachricht, dass sein Vater an einer schweren Lungenentzündung gestorben sei. Joe spürte, wie ihn seine Kräfte verließen. Er trat zwar noch immer abends auf, doch es fiel ihm immer schwerer, die Leute zum Lachen zu bringen. Er wusste, dass er so nicht mehr weiter machen könnte. Den kleinen Zirkus wollte er aber auch nicht im Stich lassen. Und woher sollte er das Geld für die Beerdigung seines Vaters nehmen? Es half nichts, er musste sich anderweitig Geld beschaffen. Doch die Idee, die ihm kam, war weder lustig noch ungefährlich- sie war teuflisch und kriminell! Der kleine Zirkus hatte in einer großen Stadt seine Zelte aufgeschlagen. Gegen Mittag packte Joe sein Clownskostüm in eine kleine Umhängetasche und machte sich auf den Weg in die Stadt. Vor einer Bank blieb er stehen. Nervös schaute er sich um. Dann betrat er das Gebäude. An einem Informationsschalter erkundigte er sich nach den Toiletten. Die freundliche Dame wies ihm den Weg. Hastig streifte er in einer kleinen Kabine sein Clowns-Kostüm über. Dann nahm er die Klobürste und wickelte sie in etliche Meter Toilettenpapier ein. Sie sollte so aussehen wie ein Revolver. Kritisch betrachtete er sich im Spiegel. Mit zittrigen Knien lief er zurück in den Schalterraum. Die große Uhr über dem Eingang zeigte punkt 12 Uhr. Vor dem Kassenschalter hielt er die umwickelte Klobürste gegen die Scheibe und brüllte: „Geld raus! Ich will alles!". Was dann geschah, konnte er sich bis heute nicht erklären. Die Kassenangestellte reagierte völlig anders, als er sich das vorgestellt hatte.

Sie lachte plötzlich laut und rief: „Herzlichen Glückwunsch! Sie sind der erste! Sie haben gewonnen! Zehntausend Dollar gehören jetzt Ihnen!". Joe konnte nicht begreifen, was da passierte. Die Schalterangestellte drückte einen Knopf und eine laute Sirene ertönte. Vor Schreck riss Joe seine Arme hoch und wollte sich ergeben. Aus den angrenzenden Räumen strömten viele Leute in den Schalterraum. Unmengen von bunten Luftballons schwebten von der Decke. Auch ein Fernsehteam war unter den Gratulanten. Sprachlos nahm Joe seine Maske vom Gesicht. Er konnte das alles nicht verstehen. Was war hier los? Der Bankdirektor erschien und schüttelte Joe die Hand. Mit der anderen Hand überreichte er ihm einen Scheck über Zehntausend Dollar. Erst viel später erfuhr Joe, dass ein renommiertes Bankhaus ein Preissausschreiben in die Zeitung gesetzt hatte. Anlässlich ihres 100 jährigen Bestehens lobte die Bank Zehntausend Dollar für denjenigen aus, der als erster mit dem lustigsten Kostüm und pünktlich 12 Uhr vor dem Kassenschalter stand. Joe war der erste und wohl auch der einzige, der sich das zutraute. Überall berichtete man über ihn. Es folgten zahlreiche Engagements bei großen TV- Anstalten. Joe verdiente Millionen. Mit dem Geld unterstützte er den kleinen Wanderzirkus, bei welchem er bis zu seinem Tode blieb. Das Verrückteste an der Geschichte aber war, dass die Zeitung wegen einer Havarie erst gegen 12 Uhr 30 ausgeliefert werden konnte …

Sonett

Grüne Wiesen im Sonnenschein
Was für ein schöner Morgen
An den Hängen der goldene Wein
Manch zarte Blume noch verborgen

Roter Mohn im Sommerwind
Was für ein fürstlich Leben
Ich fühl mich gut – ein Sonntagskind
Bienen wolln ein Liedlein geben

Wandern durch die weite Welt
Und am Fluss mal kurz verweilen
Heut will ich mich nicht beeilen

Tiefer Schmerz kann gut verheilen
Mit mach Reh den Waldweg teilen
Hier, wo nur das Menschsein zählt

Wenn Du

Wenn Du was schaffst und Dir dann sagst:
„Du bist gewesen!",
kannst Du die Welt wieder verstehn
Und weißt genau,
Du brauchst den schmutzig, dünnen Besen

Der kehrt die alten Reste wieder weg,
die Dich belagern
Es bleibt nicht mal die Spur von Dreck
Wenn Spinnennetze wabern

Es geht ein Tag wie jeder andre
Und Du gehst heim
Von Deiner langen Kneipentour
Zu weinen, weißt Du, ist wohl keine Schande
Fällst Du auf neue ungereimte Dinge rein?

Da mischt ein Schrei sich plötzlich
in die Ruhe,
die Du durchbrachst, vor langen
ungezählten Tagen
Er dringt bis hin zu Dir in Deine
abgeschirmte Enge
In Deine Freiheit,
wo Du glaubst und wo Du wieder lachst

Doch Kühle beherrscht für kurze Zeit
Dein Hirn
Du willst nie mehr zurück
In diese viel ferne alte kranke Welt
Den sauren regen hält behänd Dein
riesengroßer Schirm,
der rosarot Dich behütet mit viel Geld

Ein alter Narr besingt Dich da und auch
Dein Glück
Er ist so alt, fast so wie Du
Er kennt Dich nicht und doch und sowieso
Bist Du verlorn
Und hast plötzlich Dein Glück in aller Nacht
verloren

Ade Du alter Mann in Deiner mir bekannten
Robe
Ich bleibe hier und trinke nicht auf Dich
In diesem alten dramenreichen Fest der
Nacht
Schon sind die Stunden mir wie herbstlich
angestaubte Blätter
Und nichts ist mehr wie einst im trüben alten
faden Licht …

Pendel

Was wird sein, wenn ich mal sterbe
Was, wenn Mutter einmal nicht mehr ist
Werde ich dann noch vermisst – oder sie
Wer begleitet mich in meinen Tod
Wer teilt mit mir das letzte Brot
Wenn's Mutter nicht mehr kann, sag wer!

Und das Pendel der großen Lebensuhr
Es wiegt sich hin und her
Und her und hin
Und jeder Tag ist ihr Gewinn, und jede
Stunde
Und jede Minute, jede Sekunde
Bis hin zur Ewigkeit

Wer wird mich finden,
wenn ich irgendwo verderb
Die Zeit nach mir,
auch die wird schnell vergehn
Doch nur Tod, der bleibt bestehn
Für alle Ewigkeit
Im Tod, da gibt es keine Zeit
Werd ich Mutter dann wohl wieder sehn?

Und das Pendel der großen Lebensuhr
Es wiegt sich hin und her
Und her und hin
Und jeder Tag ist ihr Gewinn,
und jede Stunde
Und jede Minute, jede Sekunde
Bis hin zur Ewigkeit

Ich werd dereinst erwachen im Lande
NIRGENDWO
In der Unendlichkeit,
wo alles ist und doch nichts ist
Und Mutter wird ganz nahe sein,
und immer da
Und eine wunderbare Stille,
so ganz ohne Zeit, wird sein
So, wie ichs nie sah
Was wird wohl sein, wenn auch Mutter
einmal nicht mehr ist?

Und das Pendel der großen Lebensuhr
Es wiegt sich hin und her
Und her und hin
Und jeder Tag ist ihr Gewinn,
und jede Stunde
Und jede Minute, jede Sekunde
Und immer fort- bis hin zur Ewigkeit

Tränen

Tränen, schönes Land
Ein Abschiedswort!
Und wieder steht ein lieber Mensch in
bunten Hausschuhn vor der Tür
Im Regen, winkt ein letztes Mal, ade,
viel Glück
Komm doch recht bald zurück
Wer weiß, es wird wohl nie mehr sein
Ich bleib in meiner Welt allein

Tränen, fernes Land
Leerer Horizont!
Kens Gesicht, dass ich stets bei mir hatt
Nur die Erinnerung in mir, sie bleibt für
immer wach
Ade Du Glück
Wir hatten uns so gut verstanden
Und manchmal warns auch harte Worte-
ach, warum
Ich hab Dich doch so sehr gebraucht

Tränen, weites Land
Die Zeit des Lebens geht vorbei
Und nimmt uns mit
Und sie nimmt so Vieles uns
Der kalte Wind treibt feuchtes Laub – ade,
viel Glück
Du hast so oft durchweint die Nächte
Dass mich ein Zug nach Hause brächte
Ich seh Dich lächeln durch zerbrochne
Fensterscheiben
meiner neuen kalten Welt

In der Nacht

Irgendwo in der Nacht
fliegt ein Falke umher
Warum ist er erwacht?
Will er fliehen von hier?
Und ich schau durch mein Fenster
Und es packt die Sehnsucht mich
Hab keine Angst vor Gespenstern
Hinter den Fenstern
Will aus der Nacht jetzt ans Licht

Irgendwo in der Nacht
läuft ein Mensch aus der Stadt
Warum ist er erwacht?
Hat ers wirklich so satt?
Und ich schau durch mein Fenster
Und es packt die Sehnsucht mich
Hab keine Angst vor Gespenstern
Hinter den Fenstern
Will aus der Nacht nun ans Licht

Irgendwo in der Nacht
träumt noch einer ganz fest
Ist noch lang nicht erwacht
Und leis die Frau ihn verlässt
Und ich schau durch mein Fenster
Und es packt die Sehnsucht mich
Hab keine Angst vor Gespenstern
Hinter den Fenstern
Will aus der Nacht jetzt ans Licht

Mein Weg

Was ist geschehen
Ich steh wieder auf der Bühne
Und ich spür wieder das Lampenfieber
Und ich schau wieder in die Menge,
die ich so brauch, damit ich leben kann
Jetzt steh ich hier und ich schau ins Licht
Jetzt bin ich hier mit vielen Narben
im Gesicht

Und ich brauche diesmal keine Schminke
Sollt ihr doch sehen, wie meine Jahre warn
Ich hab gelebt, gekämpft
Und auch so viel geweint in meinem Leben
Was geschehen?
Nein, es ist nichts gewesen!
Ich bin jetzt da und ich lebe neu!

Was ist geschehen
Ich stehe wieder vor dem Vorhang
Und ich lebe alle meine großen Träume,
die ich so brauch, damit ich leben kann
Nun bin ich hier und schau ins Licht
Nun bin ich hier
Nach all den Schlägen ins Gesicht

Und ich brauche diesmal keine Schminke
Die verdeckt doch nur mein wahres ICH
Ich war mal oben und war auch öfters unten
In meinem Leben
Was ist geschehen?
Nein, es ist nichts gewesen!
Ich bin jetzt da und ich lebe neu!

Was ist geschehen
Ich singe wieder meine Lieder
So viele Texte, die ich schon geschrieben
Die ich so braucht, damit ich leben konnt
Bin wieder da und schau ins Licht
Bin wieder hier
Die Zeit scheint schon im Sand verwischt

Und ich brauche diesmal keine Schminke
Das Tor der Hoffnung ist hier, wo ich jetzt
bin
Und wenn ich an die vielen Jahre denke,
seh ich mein Leben
Was ist geschehen?
Nein, es ist nichts gewesen!
Ich bin jetzt da und ich lebe neu!

Alter Mann

Es ist so still um ihn, so still
Der alte Mann sitzt schweigend da
Er weiß genau, was er noch will
Doch er sitzt da und ist nur still
Und denkt vielleicht, wies damals war

Vielleicht erinnert er sich jetzt
an jene Zeit, als er noch jung
Und plötzlich scheint sein Aug benetzt
Woran erinnert er sich jetzt?
An Liebe oder neuen Schwung?

Er sagt es nicht- er schweigt ganz still
und räuspert sich nur einmal laut
Die Zeit vergeht auch ohne Ziel
Er weiß genau, was er jetzt will,
als er zum Fenster heimlich schaut …

Manchmal

Manchmal bist Du so allein
Irgendwo am steilen Hang
Fühlst Dich schwach und auch so klein
Und die Zeit macht Dich so krank

Nichts geht Dir mehr von der Hand
Alles scheint so schwarz und tot
Tief im Herzen tobt ein Brand
Deine Seele ist in Not

Hinter Dir steht manches Leid
Vor Dir nur der kalte Tod
Bist zum Sterben nicht bereit
Längst verdorben ist Dein Brot

Jenseits scheint Dein Glück, Dein Heil
Dunkle Wolken ziehn dahin
Bietest auch kein Lachen feil
Und es fehlt an Lebenssinn

Blitze zucken durch die Nacht
Hagel schlägt Dir ins Gesicht
Hast Dich um manch Traum gebracht
Dunkel ist's- es fehlt an Licht

Du willst fliehn aus dieser Welt
Springst aus jenem Traum sodann
Das, was trotzdem für Dich zählt
bleibt der Traum vom Supermann …

Was ist Zeit

Was ist die Zeit, die uns umgibt
Ist sie ein Traum, den man nicht sieht
Ist sie das Leben, gar der Tod
Ist sie vielleicht das Täglich-Brot
Ist sie auch das, was um uns blüht

Sie ist von allem nur ein Stück
Die Zeit ist da, ist unser Glück
Sie ist ein Fluch und unser Tag
Und was ich immer denken mag,
was gestern war, kehrt nie zurück

Träume

Ich träumte einst vom Leben,
von Jugend und von Glück
Ich wollt so gern was geben
Für alle Welt ein Stück

Doch war ich alt geworden
Und gar nicht mehr so jung
Schon fast war ich gestorben
Und saß im Zimmer rum

Da flog ein helles Lachen
An meinem Haus vorbei
Wollt ebenso es machen
An jenem Tag im Mai

Es duftete nach Blumen
Nach Wiese und nach Wald
Ich öffnete die Lungen
Und war nicht mehr so alt

Da wusst ich um das Wunder,
das mir bis dahin fremd
Man braucht nicht Geld, nicht Plunder
Wenn man die Heimat kennt

Ich träum nicht mehr vom Leben
Ich leb es jeden Tag
Jetzt kann ich alles geben
Was immer ich auch mag …

Besuch

Es hat geklingelt, zeitig schon
Es öffnete der große Sohn
Er war nur Gast und musste fort
Es war ein schöner leiser Ort

Als der Gerichtsvollzieher kam,
da starben sie vor Schreck und Scham
Sie waren nicht mehr jung, nicht alt
Doch warn die Hände lang schon kalt

Auf einem Tisch aus Kirschenholz,
jenseits des Fernsehers, ohne Stolz,
hat man gelegt die Rechnungslast
Die man vergaß, die man verpasst

So viele Tränen flossen da-
an diesem Tisch vom Großpapa
Ihr Leben war ein Ratenkauf
Jenseits vom Glück zahlten sie drauf

In der Vitrine, unterm Staub,
Pokale, die einst so vertraut
Ein Rest aus der Vergangenheit,
als alles schön war, ohne Leid

Zum Sparen blieb zu wenig Geld,
in dieser kalten Wohlstandswelt
Man zeigte gern, was man nicht hat
Ein Leben auf 'nem schmalen Grat

Dann noch ein Auto, auf Kredit
Die Bank gab Geld und spielte mit
Doch dann das Aus, der Job war weg
Zu alt, zu arm - erwacht im Dreck

Da stand die Ehe auf dem Spiel
So manche Nacht wars viel zu schwül
Man will doch kein Verlierer sein
und schenkt sich schnell noch Einen ein …

Jetzt ist es Winter, Schnee deckt zu,
die trügerische Sonntagsruh
Es hat geklingelt, zeitig heut,
bei manchen braven guten Leut' …

ER

Er hat geträumt so oft vom Glück
Erreicht hat er davon kein Stück
Er lebte ganz und gar allein,
in einer Wohnung, die zu klein
Und wurde wohl darin verrückt

Man sah ihn selten, dann und wann
Und manchmal auch mit einem Mann
Er war so einsam und allein
Manch Leben ist ein schwerer Stein,
den niemand so schnell heben kann

Er sprach von Träumen oft zu mir
bei einem und 'nem zweiten Bier
Er wollte fort von diesem Land,
wo ihn bisher niemand gekannt
Wir redeten bis nachts um Vier

Und dann zog er sich schnell zurück
Er sprach soviel vom großen Glück,
das er wohl niemals wirklich fand
So vieles in ihm unerkannt
Er brauchte einen neuen Blick

An einem kühlen Morgen dann
verschwand er mit dem fremden Mann
Mit einem Koffer in der Hand
hat er verlassen dieses Land
Ein Regen an den Scheiben rann

Ich sah ihn nie mehr hier im Haus
Er ging wohl fort, er zog wohl aus
Ein kühler Wind durchs Fenster zieht
Ob ihm ein Stückchen Hoffnung blieb?
Er hielt es hier nicht länger aus!

Er hat mir viel vom Glück erzählt
Und immer davon, was ihn quält
Er wollte fort, ganz weit hinaus!
Und bloß nicht sterben hier im Haus!
Auch mich zieht´s bald in alle Welt …

Abschnitt

Hattest wenig Glück im Leben
Gingst allein ins Morgenrot
Wolltest dieser Welt was geben
Fühlst Dich plötzlich wie halbtot

Deine Mutter war die Liebe
Und Dein Vater war das Licht
Dass es nur nicht stehenbliebe
Kind sein, das zu schnell verblich

Später oft im Dreck gelegen
Dir fiel wenig in den Schoß
Wolltest trotzdem besser leben
Wolltest stark sein, schön und groß

Manches Jahr belog die Seele
Doch die Träume starben nie
Falsche Freunde, trockne Kehle
Und Dein armer Körper schrie

Deine Zeit schien fast beendet
Traurigkeiten abgrundtief
Mutter kam, die Dich gerettet
Bis der Karren wieder lief

Arbeitsam und kalte Füße
Ruß im Kopf und Schnaps im Blut
Von der Armut viele Grüße
Bittrer Atem – schmeckt nach Wut

Gestern noch Gehalt bekommen
Heute bleibt der Wecker stimm
Krankes Herz – das Hirn benommen
Und der Gang ist schwer und krumm

Darfst nicht von der Leiter fallen
Richte Dich bloß wieder auf
Schrei ganz laut und lass es hallen
Nimm Dein Träumen wieder auf!

Trag die Nase wieder oben
Schau die Sonne – hell und klar
Die hat Dich noch nie belogen
Sie ist riesig, klug und wahr

Nein, Du bist nicht schwach und ängstlich
Bist nicht arm und nicht kaputt
Alles, alles ist vergänglich
Gib der Seele einen Ruck

Wenn die Trauer dann vergessen,
schwelg nicht gleich im großen Glück
Denkst Du an den Freund beim Essen,
kommt die Liebe bald zurück

Deine Augen (Your Ice)

Wie tief sind Deine Wünsche,
sind Deine Lieben
Und auch Dein Blick
Wie tief sind all die Träume
ins Herz geschrieben
Wie stark Dein Glück

Wie groß sind Deine Worte,
sind Deine Augen
Und auch Dein Lied
Wie schön sind Deine Küsse
Ich will sie glauben
Wie groß das Glück

Und jenseits, dort am Sunset Boulevard
sind unsre Sterne
Sie holen uns stets ein,
mit aller Hoffnung dieser Welt
Irgendwo auf dem Hollywood Boulevard
und aus der Ferne,
mit Sekt und goldnem Wein
sind Deine Augen
die schönsten dieser Welt …

Irgendwas

Mondlicht über Hollywood
Träume fliegen in die Nacht
Warte auf das Morgenrot
Irgendwo in Hollywood
Und ein Lied erklingt ganz sacht
Irgendwo in dunkler Nacht
Ja, ich fühl mich gut, so gut

Um mein Haus streicht kühl der Wind
Sehnsucht schleicht sich in mein Herz
Ach so gern wär ich noch Kind
Hollywood im Abendwind
Hoffnung hab ich tief im Herz
Sehnsucht atmet himmelwärts,
weil in mir das Glück beginnt

Lichter dort, am Horizont
Hollywood, da, bei den Hills
Dort, wo meine Liebe wohnt,
meines Lebens Horizont
Bin am Anfang eines Spiels
Dort in jenen grünen Hills
tanz ich, bis der Morgen kommt

Hollywood im schönsten Glanz
Meine Liebe ist so nah
Lieder, Leben, schönster Tanz
Und die Hills im besten Glanz
Alles scheint so wunderbar
Hollywood, bist mir so nah!
Heute Nacht will ich Dich ganz!

Eine Frau

Mit einem Ordner in der Hand,
auf einer Angeklagten Bank,
saß sie, so jung und traurig noch
Man schob sie ab ins finstre Loch

Drei Kinder waren tot, so tot
Man sah es nicht- sie war in Not
Sie hat die Leichen gut versteckt
Weil man die Toten nicht mehr weckt

Ganz still gebar sie alle drei
Und keiner sah wohl zu dabei
Ihr Mann verdiente Geld, weit fort
Er war wohl stets am fremden Ort

Die Totgeburten warn so schlimm
In keinem Kind war Leben drin
Ganz leis gebar sie alle drei
Beim Sterben war niemand dabei

Die Einsamkeit im Heimathaus
hielt sie sie so selten tapfer aus
Sie war nicht schlecht und auch nicht dumm
Und saß nie hilflos einfach rum

Sie sehnte sich nach Harmonie
Gefunden hatte sie das nie
Sie weinte auch und wurde hart
Ob manches Leben Sinn noch hat?

Acht Jahre Knast – der Richterspruch
Die enge Zelle scheint ihr Fluch
Manch Zigarettenlängen sind
vielleicht Ersatz fürs tote Kind

Dort wo kein Glück die Träume weckt
hat sie sich Tränen gut versteckt
Ein viertes Kind bekam sie dann
Es blieb bei ihrem fernen Mann

Im Fenstergitter pfeift ein Wind
Sie schaut hindurch und weint und singt
Sie war so jung und traurig noch
Und saß allein in diesem Loch

So manche Frau bekommt ein Kind,
das nicht mehr lebt und stirbt geschwind
Es bleibt ein Ordner, dort im Schrank
Und manche Angeklagten Bank …

Verkündung

Erwartungen ans große Glück
Erwartungen an mich und mich
Dem Traum entgegen, nur ein Stück
Einsamkeiten sicherlich

Sehnsüchte nach Lummer Land
Kermid sein – ein Frosch, und grün
Auf dem Weg und unbekannt,
durch die großen Welten ziehn

Hab mirs immer vorgestellt
Wollte viel und noch viel mehr
Weil man so schnell runter fällt,
fiels Verzichten manchmal schwer

Wusste doch, da wartet was,
das wohl niemals warten kann
Doch ich brauchte Lust und Spaß
Und ich bin kein Supermann

Mich zieht's fort, ins ferne Land
Diesmal weiß ich es genau
Weil ich mich wohl wiederfand
Dort, wo aller Himmel blau …

Gotteskind

Sonne über meinen Träumen
Überall des Meeres Blau
Liebe unter Mandelbäumen
Mitten drin in besten Träumen
Nirgendwo ist's trüb und grau

Doch die Ruhe trügt behände
Dunkle Wolken ziehen auf
Irgendwas lähmt mir die Hände
All die Schönheit trügt behände
Es beginnt ein Hürdenlauf

Mir wird's heiß und kalt und bange
Schweiß perlt krank mir von der Stirn
Bin im Würgegriff der Schlange,
die umschlingt mich ziemlich lange
Und ein Blitz zuckt durch mein Hirn

Jener Blizzard wird noch kälter
Friert mich in der Hölle ein
Werd sekündlich immer älter
Unterm Eis - erstickt die Wälder
Nein, ich will kein Opfer sein!

Da, der Teufel fährt hernieder
Trifft mich in mein Herze tief
Schwefeldampf statt Duft von Flieder
Todesschreie immer wieder
Was ging da im Leben schief?

Fall hinein ins Bodenlose
Liebe Hoffnung - halt mich fest!
Ohne Hemd und ohne Hose
falle ich ins Bodenlose,
bis der Mut mich fast verlässt

Mit den allerletzten Kräften
bete ich zum Jesus auf
Und alsbald in neuen Säften
komm ich wieder neu zu Kräften
Zieh mich langsam hoch hinauf

Bis ans Licht ich wieder strebe
Bis ich spür den frischen Wind
Bis ich wieder richtig lebe,
weil ich nach den Träumen strebe
Denn ich bin ein Gotteskind!

Der Regulator

Anfangs hatte ich mir keine großen Gedanken gemacht, als ich den alten Regulator von meiner Großmutter geschenkt bekam. Doch später begriff ich, warum sie ihn mir zukommen ließ. In unserer Familie hielten wir fest zusammen. Ging es einem mal schlecht, dann kamen alle, um zu helfen oder beizustehen. Vielleicht lag das daran, dass in unserer Familie stets die Frauen mit der Erziehung der Kinder beschäftigt waren. Die Männer waren entweder früh verstorben oder hatten die Familie verlassen. So musste auch meine Mutter zusehen, wie sie die kleine Familie durchbrachte. Sie arbeitete im Schichtdienst und musste oft zur Nachtschicht. Auch an einem verschneiten Winterabend musste sie wieder fort. Mutter musste mit dem Zug fahren. Doch in der kleinen Stadt, wo wir damals lebten, fuhren nicht so oft Züge. Unterwegs mussten die Züge über ein baufälliges Viadukt. Nur sehr langsam fuhren sie darüber hinweg. Wie jeden Abend verabschiedete sich Mutter auch diesmal wieder mit einem Küsschen. Von unserem Wohnzimmerfenster sah ich ihr lange nach. Doch durch das heftige Schneegestöber konnte ich sie nicht mehr lange sehen. Ich weiß nicht mehr, wieso, aber ich hatte an diesem Abend ein seltsames Gefühl. War es Angst oder nur Übelkeit? Die verrücktesten Gedanken schossen mir durch den Kopf. Und immer wieder sah ich dieses alte Viadukt vor mir. Nur schwer konnte ich mich beruhigen. Ich hatte große Angst, dass meiner Mutter unterwegs irgendetwas widerfuhr. Ich lenkte mich mit stundenlangem Fernsehen ab. Trotzdem wurde ich einfach nicht müde. Nervös bereitete ich mir einen Kamillentee zu. Ich nahm ihn mit ins Schlafzimmer. Unterwegs musste ich an dem alten Regulator vorbei. Er stand im Korridor, weil Mutter das laute Ticken störte. Die Zeiger standen bei halb elf. Verwundert schaute ich auf meine Armbanduhr. Sie zeigte erst 22 Uhr. Gerade wollte ich die Zeiger nachstellen, da begannen sich plötzlich die Gewichte zu bewegen. Immer schneller ratterten sie hoch und runter. Dann gab es einen lauten Glockenschlag. Gleichzeitig spürte ich einen merkwürdigen Stich im Herzen. Meine Unruhe stieg bis ins Uferlose. Was hatte das alles nur zu bedeuten. Wie in Trance zog ich mir eine Jacke über, stieg hektisch in meine Winterstiefel und klingelte bei Müller, unserem Nachbarn. Der hatte ein Fahrzeug und ich bekniete ihn, mich zu dem alten Viadukt zu fahren. Der Mann schaute mich zwar verständnislos an, doch als er mein ernstes Gesicht sah, holte er den Wagenschlüssel und wir zogen los. Der Schneesturm war unterdessen so stark geworden, dass man die Straße kaum noch erkennen konnte. Wir rutschten mehr als wir fuhren. Als wir am alten Viadukt ankamen, sahen wir schon, was passiert war. Die Brücke war teilweise zusammengebrochen. Der Zug, in welcher meine Mutter sitzen musste, war noch nicht angekommen. Wegen des Schneesturmes hatte er wohl Verspätung. Müller fuhr den Wagen auf die Gleise. Dann holte er eine Taschenlampe aus dem Wagen und drückte sie mir in die Hand. Dann stellten wir uns vor den Wagen und warteten auf den Zug. Als die Lichter der Lokomotive hinter einer Biegung langsam hervorblitzten, setzte sich Müller in den Wagen zurück und betätigte die Hupe. Kurz vor uns kam der Zug zum Stehen. Laut schimpfend sprang der Lokführer auf die Gleise. Als er sah, was geschehen war, brach er weinend zusammen. Mehrmals bedankte er sich. Ich lief am Zug entlang und suchte meine Mutter. Sie saß ziemlich weit hinten. Als sie mich entdeckte, war sie so verblüfft, dass sie sofort ans Fenster kam. Wir haben sie später mit dem Wagen zur Arbeit gebracht. Als wir den Vorfall meiner Großmutter berichteten, schaute sie uns nachdenklich an. Dann wiegte sie den Kopf und meinte, dass wir immer gut auf den alten Regulator aufpassen mögen. Jedes Mal, wenn großes Unheil drohte, zogen sich die Gewichte selbstständig auf und die Zeit blieb stehen. Ich musste lächeln, als ich diese Geschichte hörte, war nur froh, dass meiner Mutter nichts passiert war. Doch der Unglückszeitpunkt, zu welchem der Zug am Viadukt eintraf, war ziemlich genau halb elf in dieser stürmischen Winternacht …

Ein ungeklärter Fall

29. September 1973 / Nähe Zittau

Der Regen prasselte gegen die Scheiben des Waggons. Sarah Müller war auf dem Heimweg von ihrer Arbeit als Krankenschwester in einem nahe gelegenen Krankenhaus. Gegen 23 Uhr kam sie in der kleinen Ortschaft an. Sie musste die Einzige im Zug gewesen sein. Außer ihr stieg sonst keiner mehr aus dem Zug. Gespenstisch schillerte die kleine Bahnstation im Regen

111

und Sarah konnte kaum noch etwas erkennen. Sie musste noch durch ein kleines Waldstück, bis sie zu ihrem Haus gelangte. Zu Hause warteten ihre Mutter und ihre zwei kleinen Söhne, Sven und Jan auf sie. Natürlich hoffte sie, dass die Kinder längst im Bett lagen und schliefen. Und natürlich machte sie sich Sorgen. Nachdem sie vor einem knappen Jahr von ihrem Mann verlassen wurde, saß das Geld nicht mehr so locker. Deswegen arbeitete sie länger und kam oft erst in der Nacht nach Hause. Durch den kleinen Wald lief sie äußerst ungern. Aber was sollte sie tun. Hier fuhren keine Busse und ein Taxi konnte sie sich nicht leisten. Zwar waren es nur zehn Minuten Fußmarsch. Aber geheuer war ihr der schmale Weg nicht. Die dunklen Silhouetten der Bäume sahen bedrohlich aus. Zwar gab es bisher keinerlei Zwischenfälle in dieser Gegend, doch konnte sie ihr Unwohlsein und das zittrige Gefühl in den Beinen nicht abstellen. Auch der Judo Kurs, den sie jeden Donnerstag besuchte, beruhigte sie nicht wirklich. Sie trug sich seit längerem mit dem Gedanken, das Haus zu verkaufen und in die Stadt zu ziehen. Allein schon der Kinder wegen sparte sie sich deswegen jeden Groschen für den Umzug zusammen. Doch bis dahin musste sie weiterhin diesen beunruhigenden langen Weg in Kauf nehmen. In dieser Nacht peitschte ihr der heftige Regen derart heftig ins Gesicht, dass sie nicht bemerkte, wie ein heller Lichtschein über den Bäumen schwebte. Er hatte eine bläuliche Farbe und schien ihr unwillkürlich zu folgen. Als sie das kleine Waldstück fast durchquert hatte, zuckte ein Blitz auf Sarah nieder. Danach verschwand der Lichtschein und auch Sarah war nicht mehr zu sehen …

29. September 2004 / Nähe Zittau

Sven lebte noch immer in dem kleinen Ort. Seinen Bruder Jan hatte er seit Jahren nicht mehr gesehen. Der lebte in Berlin und meldete sich nicht mehr. Doch immer am 29. September ging er die neu gebaute Straße zu dem kleinen Wäldchen und legte einen Blumenstrauß nieder. Unter einer Eiche hatte man damals die Handtasche und die Brille seiner Mutter gefunden. Seitdem galt sie als vermisst. Ob sie einem Verbrechen zum Opfer gefallen war oder ob sie einfach aus dem alltäglichen Leben ausgebrochen war, wusste niemand. Auch die Polizei fand sie nicht. Sven konnte sich nicht vorstellen, dass seine Mutter ihn und seinen Bruder Jan einfach so im Stich gelassen hätte. Er wusste, dass sie ihre beiden Söhne über alles liebte. Aber warum fand man sie nie? Hatte sie der vermeintliche Täter irgendwo im Wald vergraben? Doch nein, damals wurden auch Suchhunde eingesetzt. Sie fanden nichts. Selbst als die beiden Brüder auf eigene Faust los zogen, um ihre Mutter zu suchen, fanden sie lediglich ihre Handtasche und ihre Brille. So legte Sven auch in diesem Herbst unter Tränen wieder einen Strauß gelbe Rosen an das kleine Holzkreuz, welches sie damals unter der Eiche aufstellten. Dann setzte er sich auf einen Baumstumpf und starrte in die Ferne. Seltsame Gedanken gingen ihm durch den Kopf. Doch es half nichts. Er musste sich damit abfinden, seine Mutter wohl für immer verloren zu haben. In der folgenden Nacht hatte er einen merkwürdigen Traum. Er sah seine Mutter, wie sie von einem Blitz getroffen zu Boden fiel. Plötzlich breitete sich eine bläulich schimmernde Wolke über ihr aus und trug sie einfach mit sich. Urplötzlich zerfloss die Wolke und eine Zahl erschien an ihrer Stelle … 2004. Er konnte sich das alles nicht erklären und versuchte den Traum zu vergessen. Als er aber in den folgenden Nächten wieder und wieder diesen Traum hatte, wurde er stutzig. Handelte es sich vielleicht um ein Zeichen? War es ein Hinweis – vielleicht auf seine Mutter?

Und wieso hatte er ausgerechnet jetzt diesen Traum? In einer regnerischen kalten Nacht kam Sven mal wieder viel zu spät von der Arbeit. Die Scheinwerfer seines Wagens bohrten sich in die Dunkelheit. Als er an dem kleinen Wäldchen vorüber fuhr, bemerkte er eine bläulich schimmernde Wolke dicht über den Baumwipfeln. Sie schien ihm zu folgen. Langsam bog er in eine kleine Schneise und schaltete die Scheinwerfer aus. Dann beobachtete er den seltsamen Lichtschein. Die bläuliche Wolke hing regungslos über den Bäumen. Hatte sie auf ihn gewartet? Plötzlich zuckte ein greller Blitz auf sein Fahrzeug nieder. Das Fahrzeug verschwand und die Licht- Erscheinung löste sich auf. Jan lebte schon viele Jahre in Berlin. Sein Job als PR- Manager einer großen Zeitung ließ ihm kaum Zeit zum Relaxen. So kam er auch selten dazu, seine Post zu öffnen. Er liebte die Frauen und auch an jenem Abend kehrte er mal wieder mit einer hübschen Blondine in sein Loft über der großen Stadt zurück. Der Briefkasten brach schon auseinander. Seit Tagen hatte er ihn nicht geleert. Gelangweilt und mit einer Flasche Schampus bewaffnet sortierte er die

Briefe aus. Zwischen der Werbepost fiel ihm ein handgeschriebener bläulicher Umschlag auf. Er wunderte sich, hatte er doch seit Jahren keine handgeschriebenen Briefe mehr erhalten. „Wer macht denn so was …", rief er laut. Doch als er den Brief öffnete, erstarrte ihm das siegessichere Grinsen im Gesicht. Er kannte die Handschrift … es war die seines Bruders, der seit einem Jahr als Vermisst galt. Mit Tränen in den Augen stellte er den Schampus auf den Tresen und las die Zeilen. Sven schilderte darin, dass er Mutter gefunden habe. Dort, wo sie jetzt seien, wären sie glücklich. Sie seien nun für immer zusammen und sehr glücklich. Er solle nicht mehr suchen, denn er würde sie niemals finden. Und bald schon würde etwas Wunderbares geschehen … Jan war fassungslos. Er suchte nach dem Absender, doch auf dem Umschlag war nur seine Adresse verzeichnet. Auf dem Polizeirevier herrschte in dieser Nacht Hochbetrieb. Wegen einer Razzia in einem Bordell standen überall auf dem Gang stark geschminkte, auffällig gekleidete Damen herum und unterhielten sich lautstark. Plötzlich wurde die Tür aufgestoßen und eine völlig wirr erscheinende junge Frau stürmte herein. Aufgeregt rief sie etwas wie:

„ … blaue Wolke über dem Penthaus und ein Blitz, der ihren Freund mit sich nahm …“. Als man den Dingen auf den Grund gehen wollte, fand man nichts weiter als die Brille und den Wagenschlüssel, den der Vermisste bei sich trug. Man entdeckte ein seltsames Foto welches auf dem Fußboden lag. Ein Foto, dass bis zum heutigen Tag die Polizei in Atem hält … das Foto zeigt drei sich umarmende Personen und wurde vermutlich erst kürzlich aufgenommen. Auf dem Bild erkannte man Sven, Jan und deren Mutter. Sie schienen von bläulichem Nebel umhüllt …

Erdbeben

Oftmals gibt es Dinge im Leben, die wir uns nicht erklären können. Manchmal handeln wir nach speziellen Mustern, ohne das wir sie kennen oder verstehen. Irgendwann, wenn wir diese Phase überwunden haben, wundern wir uns, dass wir so und nicht anders gehandelt hatten. Seit 2 Jahren lebte Sally Young nun schon in ihrer kleinen Mietwohnung. Die beiden Zimmer reichten ihr vollkommen aus. Nachdem ihr Mann bei einem tragischen Autounfall verstarb, hatte sie sich hierher zurückgezogen. Die Ruhe in diesem winzigen Domizil mitten in der riesigen Stadt San Francisco genoss sie sehr. Bis zu diesem Tag, an welcher sie eine seltsame Unruhe beschlich. Aus unverständlichen Gründen begann sie, Dinge aus ihrem Schlafzimmer heraus zu räumen. Zuerst einige kleinere Gegenstände. Später einen Stuhl und eine Kommode. Sie konnte sich ihr Handeln nicht erklären, glaubte, so langsam verrückt zu werden. Hatte sie am Ende den Tod ihres geliebten Ehemannes nicht verkraftet? Oder woran lag diese plötzliche Räumwut wirklich? Sie zwang sich zur Ruhe, wollte den Drang vergessen. Doch vergeblich. Kaum saß sie auf dem Sofa, um sich einen Film im Fernsehen anzuschauen, kam wieder dieses merkwürdige Kribbeln. Sie musste einfach ins Schlafzimmer, um es auszuräumen. Irgendwann arrangierte sie sich mit diesem Gedanken und räumte das gesamte Schlafzimmer restlos leer. Selbst das Bett stellte sie ins Wohnzimmer. Als der Raum völlig ausgeräumt war, kehrte wieder Ruhe in ihre Seele. Doch was nutzte ihr der leere Raum? Unmöglich konnte sie die schönen Schlafzimmermöbel im Wohnzimmer stehen lassen. Und zum Verkaufen waren sie ihr zu schade. Zu sehr hing sie an den alten

Möbeln, die sie sich damals zusammen mit ihrem Mann angeschafft hatten. Eines Nachts wurde sie von lautem Getöse aus dem Schlaf gerissen. Es rumpelte und knackte und in ihr keimte der Verdacht, dass es ein Erdbeben sein musste. Das Getöse wurde stärker und stärker. Schließlich wackelte das ganze Haus. Die Möbel wackelten und schoben sich ineinander. Panisch sprang sie aus ihrem Bett. Aber es war zu spät. Sie konnte die Wohnung nicht mehr verlassen. Die Schlafzimmermöbel, welche sie vorübergehend im Wohnzimmer deponiert hatte, versperrten ihr den Weg. Sie schoben sich vor die Tür und vors Fenster. Nur ihr Bett blieb unberührt. Immer dichter schoben sich die alten Möbel ineinander und bildeten einen Ring um ihr Bett. Plötzlich gab es einen ohrenbetäubenden Knall, der das ganze Haus erschütterte ... dann wurde es ruhig. Sally hatte sich auf ihr Bett gekniet und sich die Zudecke über den Kopf gezogen. Sie rechnete schon mit dem Schlimmsten. Doch nichts geschah. Vorsichtig legte sie die Zudecke aufs Bett zurück und stand auf. Mit zittrigen Händen schob sie die Schränke auseinander und bahnte sich einen schmalen Weg. In der Diele sah es aus, als ob ein Orkan gewütet hatte. Die Lampe war von der Decke gefallen und die Garderobenschränke hatten beim Umfallen die Wohnungstür aufgebrochen. Das Treppenhaus war eingestürzt. Überall an den Wänden klafften lange breite Risse. Heraus gebrochene Ziegel lagen auf den Läufern. Auf den heruntergefallenen Bildern hatten sich Unmengen an Putz und Staub niedergelassen. Sally starrte auf die Überreste ihrer Wohnung. Doch als sie ins Schlafzimmer schaute, erschrak sie fürchterlich. Der gesamte Fußboden war eingestürzt und dort wo einst ihr Bett stand, klaffte ein riesiges Loch. Stunden später wurden sie und noch vier Überlebende aus dem baufälligen Haus gerettet. Sie zog in ein kleines Haus auf dem Lande. Ihre alten Möbel nahm sie mit und hütete sie wie ihren Augapfel. Umgeräumt hatte sie seit ihrem Einzug dort draußen nie wieder …

Gewitter

Meine Eltern waren in den Urlaub gefahren und ich hatte mich bereit erklärt, so lange auf die Wohnung aufzupassen. Der Sommer war heiß und ich freute mich über das schöne Wetter. Allerdings wurde es jeden Abend unerträglich schwül. Viel konnte ich nicht unternehmen. Am Tag hatte ich meinem Job nachzugehen. Und am Abend entluden sich heftige Gewitter. An einem Wochenende, ich kam gerade vom Baden, wollte ich bei meinen Eltern noch nach dem Rechten sehen. Wieder wurde es unerträglich schwül. Als ich das erste Mal diese seltsamen Geräusche vernahm, stand ich gerade unter der Dusche. Es hörte sich an wie Geschrei, Kindergeschrei. Da der Duschkopf schon etwas verkalkt war, schob ich die Geräusche diesem Defekt zu und legte mich wenig später entspannt auf das Sofa. Gerade wollte ich den Fernseher einschalten, da zog ein heftiges Gewitter auf. Blitze zuckten und es donnerte so laut wie noch nie. Eigentlich hatte ich selten Angst vor solcherlei Naturerscheinungen. Doch an diesem Abend kroch eine seltsame Furcht durch meinen Körper. Ich schaute durch das Fenster hinunter zur Straße. Kein Mensch war mehr zu sehen. Nur der heftige Regen klatschte auf die Fahrbahn und drohte, alles unter Wasser zu setzen. Was dann geschah kann ich mir bis heute nicht erklären. Ein heftiger Blitz fuhr auf die Straße und blieb minutenlang dort stehen. Es schien, als formte er ein Gesicht ... tatsächlich ... es war das Gesicht meiner Mutter! Sie rief: „Das Kind! Rette das Kind!" ... dann verschwand der Blitz und nahm das Gesicht mit sich. Noch immer wie vom Schlag gerührt starrte ich auf die mittlerweile überflutete Straße. Hatte ich mir das alles nur eingebildet? War meine Furcht vor diesem Gewitter mit mir durchgegangen? Und welches Kind meinte sie. Mir fiel ein, dass in der Nachbarwohnung eine junge Familie mit einem Kind lebte. Warum ich plötzlich ins Treppenhaus rannte, weiß ich heute nicht mehr. Mehrmals klingelte ich bei den Nachbarn, doch keiner öffnete. Ich klopfte an die Tür ... „Hallo, ist jemand zu Hause. Ist alles in Ordnung bei Ihnen?". Niemand antwortete. Gerade wollte ich wieder zurückgehen, als ich einen durchdringenden Kinderschrei hörte. Es war derselbe wie vorhin, als ich unter der Dusche stand, nur viel lauter. Kein Zweifel – der Schrei kam aus der Wohnung. Ich schlug noch einmal heftig gegen die Tür. Dann hatte ich genug. Ich hielt die Ungewissheit einfach nicht mehr aus. Wenn es um Kinder ging, waren wir alle sehr empfindlich. Mir war plötzlich egal, was passierte, wenn ich mich irrte … mit einem ordentlichen Tritt gegen die Tür verschaffte ich mir Zugang zur Wohnung. Doch da war kein Kindergeschrei, nichts, nur Totenstille. Ich schaute mich in der Wohnung um. Alles schien ruhig. Als ich ins Badezimmer sah, erschrak ich. Auf den Fliesen lag ein Baby … es röchelte nur noch. Hastig stürzte ich zu ihm und hob es vorsichtig auf. Wie konnte das nur sein, wo war die Mutter? Die Badewanne war randvoll mit Wasser gefüllt … Unmengen von Schaum waberte auf der Oberfläche … Dampf stieg auf … hier musste jemand sein. Ich schob den Schaum beiseite und schreckte zurück … im Wasser untergetaucht lag eine junge Frau … die Mutter! Sie bewegte sich nicht mehr. Ich legte das Kind auf den Wickeltisch, von dem es vermutlich herunter gefallen war. Dann versuchte ich, die junge Frau aus dem Wasser zu ziehen. Mit dem Handy benachrichtigte ich den Notarzt. Vorsichtig legte ich die junge Frau auf die Fliesen. Doch meine Wiederbelebungs-versuche blieben erfolglos. Der Notarzt, der schon nach zehn Minuten eintraf, konnte nur noch den Tod feststellen. Ihr Kind aber wurde gerade noch rechtzeitig gerettet. Tage später erfuhr ich, dass die junge Frau eine Überdosis Schlaftabletten eingenommen hatte, bevor sie in die Wanne stieg. Offenbar wollte sie sich umbringen. Erst vor wenigen Tagen hatte sich ihr Freund von ihr getrennt. Zu allem Übel verlor sie auch noch ihren Job. Da sie keinen Kontakt mehr zu ihrer Familie hatte, wuchsen ihr die Probleme schließlich über den Kopf. Ihr Kind hatte sie auf dem kleinen Wickeltisch im Bad abgelegt. Dort musste es so sehr gezappelt haben, dass es schließlich herunter fiel. Wäre ich nicht gekommen, wäre es an seinen Verletzungen gestorben. Als ich meinen Eltern von diesem grausigen Erlebnis berichtete, waren sie erschüttert.

Meine Mutter, die ihr Leben lang als Kinderkrankenschwester gearbeitet hatte, meinte dann, dass sie im Urlaub so einen ähnlichen Traum hatte. In ihrem Traum sah sie ein Baby, welches von einem Wickeltisch gefallen war. Mein Vater meinte, dass sie im Traum immer wieder laut gerufen habe: „Das Kind! Rette das Kind!"! Doch das war es nicht, was mir das Blut in den Adern gefrieren ließ. Nein, vielmehr war es die

Tatsache, dass Mutter den Traum genau an jenem Tage hatte, als das schwere Gewitter wütete. Es war genau der Tag, an welchem ich ihr Gesicht auf der Straße sah …

Handy

Ich hatte mich hier draußen noch nicht so richtig eingelebt. Das alte Haus, der angrenzende Wald- alles erschien mir noch fremd und unheimlich. Dennoch mochte ich diese Gegend. Die wenigen Menschen, die üppige Natur – hier gab es von allem etwas. Hier draußen suchte ich nach neuen Ideen. Vielleicht ließ sich in dieser Abgeschiedenheit auch ein neues Leben beginnen. Allerdings war man hier draußen auch sehr weit von der Zivilisation entfernt. Da musste man schon ein Auto haben. Und ein Handy. Das alte Ding, was ich besaß, wollte ich eigentlich schon lange wegwerfen. Doch irgendetwas hielt mich immer davon ab. Schon lange funktionierte es nicht mehr einwandfrei. Das Display war zu dunkel und die Klingeltöne hörten sich an wie weit entferntes Glockengeläut. Dennoch, ich hing irgendwie an diesem Ding. An einem schwülen Sonntagabend lief ich noch ein bisschen durch den Wald. Ich wollte abschalten, den Umzugsstress vergessen. Aus der Ferne vernahm ich dumpfes Donnergrollen. Viele neue Ideen schwirrten in meinem Kopf herum. Und so bemerkte ich auch nicht, wie ich immer tiefer in den Wald gelangte. Langsam wurde es dunkel. Es hatte zu regnen begonnen. Leise raschelnd verfingen sich die Regentropfen im dichten Blätterdach der alten Bäume. Ab und zu spritzte mir ein winziger Tropfen ins Gesicht. Den Schirm hatte ich im Haus gelassen. Ich wollte wieder zurück laufen, da hörte ich Schritte hinter mir. Ich schaute mich um. Doch da war niemand. Unterdessen war es so dunkel geworden, dass man den Weg kaum noch erkennen konnte. Blitze zuckten und ließen sekundenlang den Wald um mich herum bedrohlich aufleuchten. Lauter Donner übertönte das unerträgliche Geräusch hinter mir. Ängstlich verbarg ich mich hinter einem dichten Gestrüpp. Plötzlich erhellte ein greller Blitz den Weg und ich traute meinen Augen kaum. Unmittelbar vor meinem Busch sah ich eine Gestalt ... nein ...eine halbe Gestalt. Ich zuckte zusammen ... es war eine Gestalt ohne Kopf! Entsetzt und starr vor Schreck hockte ich hinter meinem Gestrüpp. Sah ich schon Gespenster? Sicher, wer geht auch schon bei so einem üblen Wetter durch den Wald? Ich musste verrückt geworden sein. Bei jedem Blitz kontrollierte ich den Weg … war da tatsächlich jemand? Und wenn ja, wer war das? Wieder knallte der Donner, verhallte dutzendfach zwischen den zahllosen Baumstämmen. Ich hielt den Atem an, hörte, wie mein Herz raste. Da durchbrach ein Ruf die Dunkelheit: „Hallo … hallo …!". Ich zuckte zusammen, hielt den Kopf zwischen meine Knie. „Hallo, junger Mann, wo sind Sie denn. So melden Sie sich doch mal! Hallo !!!". Zögernd und noch immer voller Angst hob ich langsam meinen Kopf. Mehrere schwache Lichtkegel tanzten über den Weg. Dann rief wieder jemand laut: „Hallo, wo sind sie denn …". Jetzt erkannte ich die Stimme- es war Gruber, der Förster. Erleichtert sprang ich aus meinem Versteck. „Hallo, hier bin ich!", rief ich aus voller Kehle. Noch immer zitterte ich am ganzen Körper. „Na Sie sind vielleicht lustig!", rief Gruber. „Was machen Sie denn bei diesem Wetter allein im Wald? Hier verirrt man sich schnell.". Mit klosiger Stimme berichtete ich Gruber, was ich gerade erlebt hatte. Schweigend schaute er mich an. Dann meinte er leise: „Das ist der alte Magnus. Er war Holzfäller. Vor hundert Jahren soll er angeblich im Wald von einem riesigen Baum erschlagen worden sein. Dabei ist der scharfe Stamm so heftig auf seinen Hals gefallen, dass er ihm den Kopf dabei abtrennte. Seitdem irrt seine Seele hier umher. Man erzählte sich sogar, immer, wenn er sich zeigte, würde ein großes Unheil geschehen. Nur gut, dass Sie so schnell angerufen haben …". Ich schaute Gruber entgeistert an. „Wieso angerufen?", fragte ich dann. „Na Sie haben mich doch vorhin angerufen … Kommen Sie schnell in den Wald … Ich bin auf dem großen Waldweg und habe mich verlaufen … bitte helfen Sie mir … erinnern Sie sich nicht mehr?". Nervös kramte Gruber sein Handy aus der Jackentasche und zeigte es mir. Tatsächlich, ein Anruf mit meiner Telefonnummer. Darauf die Uhrzeit … vor einer halben Stunde hatte ich laut Handy dort angerufen. Doch ich war mir sicher, dass ich niemals angerufen hatte. Ich griff in meine Hosentasche … doch die war leer. Ich musste das Handy im Haus vergessen haben. Wer aber hatte dann bei Gruber angerufen? Nachdenklich griff ich mir an die Stirn. Was ging hier vor? Hatte all das etwas mit dem Erscheinen des Holzfällers zu tun? Ich hatte genug, wollte schnellstens wieder nach Hause. Gruber leuchtete mit seiner

Taschenlampe den Weg aus. Schweigend kamen wir im Dorf an. Das Gewitter hatte sich verzogen. Ich bedankte mich bei Gruber für die Hilfe und wollte sofort nachschauen, wo mein Handy abgeblieben war. Doch ich fand es nicht. Ich durchsuchte das ganze Haus, doch das Handy blieb verschwunden. Entnervt schaltete ich das Radio ein und ließ ich mich auf mein Sofa fallen. Gerade brachte man einen Bericht über das Unwetter in der Region. In einem nahen Wald wurde ein junger Mann von einem Blitz erschlagen. Es handelte sich ausgerechnet um den Wald, aus welchem ich gerade kam. Hatte all das etwas mit dem Holzfäller zu tun? Und, wer hat Gruber angerufen? Ich konnte mir das alles nicht erklären. Schweren Herzens legte ich mir ein neues Handy zu. Nach und nach vergaß ich die seltsamen Erlebnisse im Wald. Der Alltag kehrte zurück und mit ihm der Stress und Hektik. Nur manchmal nachts, wenn ich nicht schlafen konnte, klingelte mein neues Handy. Wenn ich mich dann meldete, war keiner dran … nur ein dumpfes Glockengeläut war zu hören, und im Hintergrund raschelte es wie damals auf dem dunklen Waldweg …

Heimkehr (Bericht von Ingeburg L.)

11. November 1946

Es war ein seltsamer Tag. Tief hingen die Wolken über der kleinen Stadt Frankenberg. Meine Mutter hatte in der Küche zu tun. Sie hatte die unglaubliche Gabe, aus den wenigen Esswaren, die sie zusammen kratzen konnte, etwas Besonderes zu zaubern. Seitdem Vater im Krieg war, versuchten wir uns irgendwie über Wasser zu halten. Manchmal gelang es uns. Manchmal aber stiegen schlimme Gedanken in uns hoch. So versuchten wir, uns gegenseitig abzulenken. Doch vergessen konnten wir nichts. All die schweren Jahre, die Bombenangriffe, die Tiefflieger. Alles saß noch zu tief in uns drin. Im Nachbarhaus war eine ganze Familie ums Leben gekommen. Sie hatten es nicht mehr rechtzeitig in den Luftschutzbunker geschafft. Eine ganze Familie ... einfach ausgerottet. Überall an den Häusern konnte man die Spuren des Krieges erkennen. Einschusslöcher und zerschossene Ziegel ... von manchen Häusern existierte nur noch das Fundament. Trotzdem versuchten wir irgendwie zurecht zu kommen. Wir hatten überlebt und das allein war Grund genug, noch hier zu sein. Und doch- wir hatten nicht viel. Seit der Flucht aus Schlesien, diesem endlosen Marsch mit dem Leiterwagen, waren wir nicht mehr so richtig zur Ruhe gekommen. Außerdem musste ich ja auch mal wieder zur Schule. Mutters Augen hatten sich in diesen schweren Zeiten tief in ihr Gesicht eingegraben. Doch ihr Blick war konsequent und charismatisch. „Nur nicht gehen lassen! Nur nicht zeigen, wie es drinnen aussieht!" – das war die Devise. Wir hatten überlebt, nur das zählte! Wenn ich nachts im Bettchen lag, mir die Bettdecke weit über die Ohren zog, dann hörte ich, wie Mutter weinte. Sie weinte viele Nächte hindurch. Doch am Tag hatte sie ein Lächeln für mich im Gesicht. Wie machte sie das nur? Meine Schwester wurde noch vermisst. Es hieß, sie sei irgendwo in Breslau. Doch stimmte das? Lebte sie überhaupt noch? Im Korridor hingen Bilder von ihr. Und von meinem Vater. Würde ich die beiden jemals wieder sehen? An diesem Tag half ich meiner Mutter in der Küche. Da spürte ich plötzlich einen heftigen Stich im Herzen. Schmerzerfüllt zuckte ich zusammen und verzog das Gesicht. Der Schmerz wurde stärker und mir wurde übel. Mutter hatte nichts bemerkt. Sie stand mit dem Rücken zu mir. Ich wollte ihr nichts sagen, wollte sie mit meinen Belanglosigkeiten nicht belasten. Als ich mich langsam wieder aufrichtete, stand da eine Person in der Küchentür … Vater … ja, der zerlumpte Mann dort war mein Vater. Gerade wollte ich aufspringen, um in seine Arme zu laufen, da zerfiel das Bild und löste sich einfach in Luft auf. Mein Herz raste wie nach einem Hundert-Meter-Lauf. Was war nur los mit mir? Hatte ich jetzt schon Halluzinationen? Bald verging der Schmerz und eine angenehme, seit Jahren nicht mehr gekannte Wärme stieg in mir auf. Sie hatte etwas unglaublich Ruhiges, Angenehmes. Aber auch etwas Unheimliches. Und plötzlich wusste ich es … mein Vater kehrt zurück. Ja, ich spürte es genau. Dieser Gedanke sprühte wie Funken in meiner Seele hin und her. Nervös schaute ich zu meiner Mutter. Die drehte sich langsam um und schaute mir sorgenvoll in die Augen. „Kind, was ist mit dir?", fragte sie dann erregt. Ich holte tief Luft, stand auf und rief laut: „Mama, heute kommt Papa zurück!". Mutter hielt sich am Küchenschrank fest. „Aber Kind. Du sollst doch nicht so etwas sagen …". Dabei sank sie auf einen Stuhl und weinte bitterlich. Ich streichelte ihr über ihr braunes gewelltes Haar. Dann flüsterte ich: „Doch Mama, ich weiß es ganz genau. Papa kommt zurück. Er wird gleich hier sein.". Weinend hielten wir uns aneinander fest. Vorsichtig löste ich mich aus ihren Armen. „Ich muss los, um ihm entgegen zu gehen. Er ist nicht mehr weit weg …". Mutter schaute zu mir auf: „Kind, bleib doch hier …". Doch ich war nicht mehr zu halten. Irgendetwas gab mir eine unbeschreibliche Kraft. Ich fühlte in diesem Augenblick, dass mich nichts mehr von meinem Entschluss abhalten konnte. Ich musste losgehen, um meinem Vater entgegen zu gehen. Draußen musste es wohl geschneit haben. Doch der Schnee war schon wieder geschmolzen. Mit meinen alten Schuhchen patschte ich durch die riesigen Pfützen.

Wie ferngesteuert lief ich die schmale Straße bis zu einer Gabelung. Hier mündete ein kleiner Pfad, der von einer Anhöhe herunter führte, auf die Straße. Ich schaute hinauf. Von dort oben musste er kommen! Ich wusste es ganz genau. Endlose Minuten starrte ich den mit Kopfsteinen gepflasterten löchrigen Weg hinauf. Da erschien plötzlich eine Gestalt, eine zerlumpte Person, ein Mann! Er humpelte und hielt sich an einer

Krücke fest. Mir stockte der Atem. Ich stierte in seine Richtung und spürte wieder diesen komischen Stich im Herzen. In meinem Kopf herrschte Leere … oder war es eine überdimensionale Flut an Gefühlen …? Ich zitterte- war es zu kalt, zu nass? Doch aus meinem Innern platzte, einer Bombenexplosion gleich ein Schwall von endloser Freude, von Wärme und von Tränen. Laut weinend rannte ich diesem zerlumpten Mann entgegen. "Papa, Papa, Papa!", rief ich laut. Dann hielt ich meinen Vater in meinen Armen und ließ ihn nicht wieder los. Ich krampfte mich an ihm fest und weinte und weinte und weinte. Wie lange wir so standen? Ich weiß es einfach nicht mehr. Es muss eine Ewigkeit gewesen sein. Doch was ich heute noch weiß ist, dass Vater plötzlich die Krücke, auf welcher er sich aufgestützt hatte, nicht mehr brauchte. Er ließ sie einfach am Wegesrand liegen. Tage später, und nachdem wir unsere Augen leer geweint hatten, plagten mich erneut diese unsäglichen Schmerzen in der Herzgegend. Und eine Stimme raunte mir zu, dass etwas Wunderbares geschehen werde … es war die Stimme meiner Schwester …

Jahrtausend

An jenem Silvesterabend des 31.12.1999 zog es mich magisch hinaus auf die Straße. Überall waren noch die Weihnachtsdekorationen in den Fenstern zu sehen, sie leuchteten hell und erwartungsvoll. In den engen Straßenschluchten krachten bereits die ersten Böller. So, wie es eben immer war. Und doch war alles anders- die Jahrtausendwende stand vor der Tür. Ich schaute zum Himmel. Was würde uns diese neue Zeit, diese neue Ära wohl bringen. Wird der Himmel friedlich bleiben? Werden Atomraketen allem Leben ein Ende bereiten? Wo werde ich sein? Wo meine Familie. Ich atmete tief ein. Es roch nach Silvesterknallern und Punsch. Vor einem alten Haus sah ich einen Mann mit einer Bierflasche in der Hand. Gerade wollte ich an ihm vorüber gehen, da rief er irgendetwas hinter mir her. Ich drehte mich um und fragte, ob ich ihm helfen könnte. Der Mann lehnte sich gegen die Hausmauer und trank einen kräftigen Schluck. Dann fuchtelte er mit der Hand in der Luft herum. „Alles nur Lüge … alles nur Schwindel … wir werden alle untergehen …". Ich winkte ab und wollte weiter laufen. Doch der Mann rief wieder laut hinter mir her: „Willst Du nicht wissen, wie es wird …?". Genervt drehte ich mich noch einmal um. „Wieso? Wissen Sie denn, wie es wird?", entgegnete ich lachend. Der Mann stellte die Flasche auf den Fußsteig. Dann blieb er regungslos stehen. Er schien plötzlich gar nicht mehr so wirr und angetrunken. Mit tiefer ruhiger Stimme sagte er nur: „Ja, ich weiß, wie es wird. Komm, ich zeig's Dir.". Ich konnte mir mein plötzliches Interesse an dem komischen Typen nicht erklären, hielt kurz inne. Er hatte so etwas Unerklärliches an sich. Schnurstracks lief er in das alte Haus hinein. Ich folgte ihm. Noch heute weiß ich nicht, warum ich diesem Typen einfach so hinter her lief. Die Tür schloss sich hinter uns und augenblicklich wurde es hell. Wir befanden uns in einem leeren Raum. Überall nur gleißend helles Licht, sonst nichts. Eine würzig lauwarme Luft um fächerte plötzlich mein Gesicht. Der Mann zog seine Jacke aus. Was ich dann zu sehen bekam, ließ mir den Atem stocken. Unter der schmutzigen alten Jacke trug er ein seltsames Trikot mit phosphoreszierenden Applikationen. Ich erkannte diese merkwürdigen Bilder … es waren unzählige, hell leuchtende Sterne. Auch sein Gesicht konnte ich nun genauer sehen. Es war schmal und verhärmt. So, als ob er lange Zeit nichts mehr gegessen hätte. Schweigend und ohne seine Miene zu verziehen hob er seine schlanke Hand. Mehrere dubiose Handbewegungen folgten. Plötzlich veränderte sich der Raum. Wir fanden uns inmitten von seltsamen pyramidenförmigen Gebäuden wieder. Sie reichten bis zum Himmel. Doch sie sahen merkwürdig aus. Sie hatten keine Fenster, nur kleine runde Löcher, die aussahen, wie Schießscharten. Außerdem hatten die Gebäude einen nüchternen metallisch-grauen Glanz. Zwischen ihnen flogen kleine fußballähnliche Kugeln in rasendem Tempo hin und her. Es mussten hunderte sein … tausende. Als ich genauer hinsah, erkannte ich, dass in den Fußbällen Menschen saßen. Einer der Fußbälle näherte sich rasch und blieb kurz vor mir stehen. Lautlos öffnete sich eine kleine Luke und ein älterer Mann stieg aus. Er sah genau so aus, wie der Mann in dem leuchtenden Trikot. Er verneigte sich. Dann hob er seinen Arm und zeichnete mit ausfahrenden Bewegungen rätselhafte Zeichen in die Luft. Da teilte sich der Boden und der Unbekannte wies mir, ihm zu folgen. Auch der andere Fremde, mit dem ich hierher gekommen war, folgte ihm.

Obwohl ich mir das alles nicht erklären konnte, lief ich brav hinter den beiden her. Kaum waren wir in dem Loch verschwunden, verschloss sich sofort die Öffnung. In dem Raum, in welchem wir uns jetzt befanden, waren unzählige sesselartige Gebilde fächerförmig angeordnet. Sie drehten sich automatisch in unsere Richtung. Die beiden Fremden nahmen platz und bedeuteten mir, es ihnen gleich zu tun. Ich setzte mich und versank in einem unglaublich bequemen Polster. Aus dem Boden erhob sich so etwas wie eine Hausbar. In einer Glaskugel standen zwei Gläser mit einer orangefarbenen Flüssigkeit. Ich sah, wie die beiden das orangefarbene Getränk zu sich nahmen. Dann schliefen sie ein. Ich wollte ebenfalls danach greifen, ließ es aber dann.

Zu groß war die Angst, dieses Gesöff vielleicht nicht zu vertragen. Doch einen Augenblick später bereute ich meine Entscheidung. Das Licht in dem Raum verdunkelte sich. Dann begann es über uns unvorstellbar laut zu knallen und zu krachen. Es hörte sich an wie unzählige heftige Explosionen. Dabei bebte die Erde und ich war froh, in dem bequemen Sessel zu liegen. Dieses furchtbare Szenario dauerte ungefähr zehn Minuten. Dann wurde es totenstill. Nach weiteren zehn Minuten wurde es wieder hell. Die beiden Fremden erwachten aus ihrem Schlaf. Wie selbstverständlich erhoben sie sich wortlos. Der Raum öffnete sich und die beiden schritten hinaus. Ich beeilte mich, ihnen zu folgen. Was ich draußen sah, ließ mich erschaudern. Zwar standen die riesigen Häusertürme noch. Doch es schien als ob einige fehlten. Zwischen ihnen kroch dichter Rauch in die Luft. Auch war kein Himmel zu sehen, sondern eine bläulich schimmernde Kuppel trübte das Tageslicht. Nur die Fußbälle rasten wie vordem ungehindert zwischen den Häusern umher. Ich musste eine Weile in dieses merkwürdige Szenario gestarrt haben als mich einer der beiden Fremden leise ansprach. „Du wunderst Dich?" Ich nickte mit ernster Miene. „Du befindest Dich hier im Jahre 2280. Auf der Erde herrscht ein globaler Krieg. Leben ist nur noch unter diesen Kuppeln möglich. Alle Natur und alles Leben außerhalb gibt es schon seit vielen Jahrzehnten nicht mehr. Die Südhalbkugel greift unsere nördliche Halbkugel in regelmäßigen Abständen mit Teilchen-Bomben an. Ab und zu gerät Strahlung durch die künstliche Atmosphäre.

Die Abwehrsysteme sind jedoch sehr stark und widerstandsfähig. Dennoch wird in ungefähr zehn Jahren die Erde total verseucht sein. Dann müssen wir auf einen anderen Planeten, um weiter leben zu können. Ob uns das aber gelingt, ist unklar. Wir haben es versäumt, in den Kriegsjahren funktionierende Raumschiffe zu bauen. Jetzt ist unsere Zukunft ungewiss. Es liegt an Euch, diese Zukunft zu verändern, damit es soweit nicht kommt …". Mit diesen letzten Worten baten mich die beiden, in einen Fußball einzusteigen, der gerade vor uns anhielt. Die Luke öffnete sich und ich kroch in die enge Kabine. Auch hier drin befanden sich zwei ovale sesselartige Sitz-gelegenheiten. Ich ließ mich in eine fallen. Augenblicklich verschloss sich die Luke. Dann wurde es dunkel um mich. Ich musste wohl eine ganze Weile so gesessen haben, als ich von lautem Getöse geweckt wurde. Es knallte und krachte aus allen Ecken. Und mir war kalt, entsetzlich kalt. Ich riss meine Augen auf doch ich konnte nichts sehen. Nervös tastete ich meine Umgebung ab. Meine Hand griff auf nassen kalten Stein. Ich erschrak … sprang auf … von draußen zuckten heftige Blitze durch eine Spalte. Die Angst kroch in mir hoch. Sie würgte mir beinahe die Luft ab. Ich lief auf den Spalt zu, aus welchem ich die Blitze kommen sah. Hart knallte ich gegen einen Holzverschlag. Mit dem Fuß stieß ich ihn auf. Vor mir zuckten Millionen Blitze … nein … es war ein Feuerwerk. Es mussten unzählige Raketen sein, die da in den Nachthimmel stiegen. Bunte Farben tanzten zwischen hellem Feuerregen. Menschen fielen sich glücklich und singend in die Arme. Hinter mir sah ich das alte Haus, in welches ich vorhin mit diesem Fremden hinein gegangen war. Doch der Fremde war nicht mehr da. Ich schaute noch einmal durch die alte Holztür in das Innere des Hauses. Doch da war nichts mehr. Kein heller Raum, keine Stadt, keine Fußbälle … nichts. Hatte ich das alles nur geträumt? War ich hier etwa eingeschlafen? Wo waren die beiden Fremden? Ein Verdacht drängte sich auf. Ich musste in einer weit entfernten Zukunft gewesen sein. Vielleicht war das eine Warnung. Eine Warnung, in dem neu beginnenden Jahrtausend besser acht zu geben. Nein, es darf nie wieder Krieg auf Erden sein! Wer, wenn nicht wir kann tun, dass die Menschen sich vertragen? Es ist doch eigentlich ganz einfach. Wir Menschen haben noch eine Chance, eine allerletzte vielleicht. Ich wollte gerade wieder gehen, da fiel mein Blick auf etwas Glitzerndes, das auf dem feuchten Steinfußboden herumlag. Neugierig hob ich es auf und betrachtete es nachdenklich ... es war ein Stück Stoff ... auf ihm blitzten unzählige Sterne ...

Ostergedanke

Wieder tanzt du durch die Wiesen,
die so grün und saftig sind
Willst das Fest, das Glück genießen
Dir den Ostertag versüßen
Fühlst Dich wie ein Sonntagskind

Doch vielleicht denkst du an jene,
die jetzt gar nicht fröhlich sind
Die nicht haben all das Schöne
Wenn du bangst um alle jene,
dann bist du ein Gotteskind

Phönix

Einsam sinkst Du in die Nacht
Hast zu lange nachgedacht
Irgendwo vergehst Du dann
Irgendwie und irgendwann
Hörst nur, wie der Satan lacht

Alles fort und längst vorbei
Spürst nur Angst und bist nicht frei
Regen glänzt auf dem Asphalt
Und Du fühlst Dich viel zu alt
Deine Uhr zeigt kurz nach Drei

Da erscheint am Firmament
jemand, der Dich sehr gut kennt
Einem Silberschweife gleich
kommt er aus dem fremden Reich
Dort, wo alles Leben brennt

Senkt sich nieder auf Dein Haupt
Hattest Du ihm je vertraut?
Und Du hebst Dein Aug empor,
Deine Seel, die fast erfror
Ach, Dein Haar ist fast ergraut

Jener Fremde lächelt nur
Fort die Zeit- vorbei die Uhr
Kraftvoll stehst Du wieder auf
Es beginnt Dein Siegeslauf
Deine allerbeste Tour

Fühlst Dich nicht mehr so allein
Du wirst nie mehr Asche sein!
Breitest Deine Schwingen aus
Kommst aus Deinem Schneckenhaus
Nein, Dein Herz war nie aus Stein

Dieser Fremde nimmt Dich mit
Du begreifst- das ist kein Trick
Deine Hoffnung macht Dich stark
Es beginnt ein neuer Tag
Es beginnt Dein großes Glück

Die Fremde

Mit einem Wagen, einem Pferd,
kam sie hier an und es war Nacht
Sie glaubte wohl an einen Gott
Und kam so still an jenen Ort
Und hatte auch nichts mitgebracht

Sie hatte nicht mal einen Herd
Und keiner nahm Notiz von ihr
Sie war zwar da, blieb doch allein
Sie sollte wohl so einsam sein
Und still bliebs auch vor ihrer Tür

War ihr Besuch vielleicht verkehrt?
Warum nur sprach sie niemand an?
Da hab ich Blumen ihr gebracht
Wir redeten so manche Nacht
Sie war allein und ohne Mann

Sie schien mir fröhlich, unbeschwert
und war eine Zigeunerin
Ihr Kleid gefiel den Leuten nicht
Schlecht fand man auch ihr Angesicht
In ihrer Börse war nichts drin

So Vieles hat man ihr verwehrt
Sie passte einfach nicht dazu
Die Menschen mochten sie nicht sehr
Sie kam von weit, von sehr weit her
Und hatte keine schönen Schuh

Sie hatte Gott sich zugekehrt
Und als ich eines Morgens kam,
da war sie fort und nicht mehr da
Leer lag der Platz, wo sie einst war
Vom Himmel leis der Regen rann

Mit ihrem Wagen und dem Pferd
fuhr sie davon, ganz ohne Mann
Sie liebte Blumen, die Natur
Vielleicht war sie ein wenig stur
Sie fuhr davon und kam nie an …

Driften

Reise in das Nirgendwo
Alles Sein ist Irgendwo
Träume fliehen vor dem Tod
Ohne Wasser, ohne Brot
Jenseits, brennend, lichterloh

Es verschwimmt das eigne „Ich"
Taumelnd schreist Du fürchterlich
Und Du stirbst am Grund der Zeit,
weil von Dir nichts übrig bleibt
Alles Glück wird jämmerlich

Du tauchst ein ins Weltenall
In Dir schäumt ein Superknall
Einem Ozeane gleich
waberst Du im fernen Reich
Leben zieht in freiem Fall

Schau

Wenn Dir die Welt wie ein böser Geist
erscheint
Wenn der Tag wie eine große Regenwolke
weint
Dann hilft Dir die Liebe durch die Zeit
Dann sind die schönsten Träume nicht weit
Dann sind wir für immer vereint

Wenn Du glaubst, dass Dich niemand mehr
liebt
Wenn Du denkst, Dass Dir nichts Gutes
geschieht
Dann schau zu den Kindern,
die da spielen im Gras
Dann geh zu den Menschen, die haben
etwas,
das Dir neuen Lebensmut gibt

Für Witta

Menschen kommen, Menschen gehen
Sie sind nur eine kurze Zeit
Ein Mensch wird wie der Staub verwehen
Und doch ist da etwas, das bleibt

Es sind die Träume, die er träumte
Die Dinge, die er wahrgemacht
Wenn er gebracht den andern Freude
Wenn er die andern angelacht

All das bleibt ewig in den Herzen
Wie auch sein Bild, sein großer Traum
Wenn wir dann sitzen um die Kerzen
erleuchtet sich manch Wunderbaum …

Am Strand

Irgendwo in ferner Nacht
hab ich nur an Dich gedacht
Wo nur magst Du jetzt wohl sein?
Trinkst Du Wasser oder Wein?

Hier am Strand von Irgendwo
bin ich irgendwie nicht froh
Tränen rinnen in den Sand
Du bist weit, im fernen Land

Träum mich übern Ozean
Ein Gefühl hält mich im Bann
Von San Diego bis zu dir
sind's drei Stunden oder Vier …

Doch der Mond raunt nur „Adieu",
weil ich Dich nie wieder seh
Warte bis zum Morgenrot
und begreif - Du bist längst tot …

Manche Tage

Manche Tage sind so schlecht
Voller Trauer, voll von Blut
Da scheint nichts mehr gut und echt
Manche Tage sind nur schlecht
Und es wird so gar nichts gut

Jede Stunde wird zur Qual
Tränen fließen, Wut kommt auf
Nirgendwo ein Sonnenstrahl
Alle Stunden sind nur Qual
Jeder Gang - ein Hürdenlauf

Du verfluchst so manch Person,
die da steht, ganz einfach so
Und es scheint fast wie ein Hohn-
Du beschimpft so manch Person
Du bist bös und gar nicht froh

Doch die Wolken ziehen fort
Und der Tag wird gut und schön
Dann gefällt Dir dieser Ort
Denn die Wolken sind längst fort
Und Trauer wird vergehn ...

Aufbruch

Aufbruch in die neue Welt
Mit ein bisschen Traum und Geld
geht die Reise endlich los
Raus aus jenem sichren Schoß

Mit dem Flieger gegen Zehn
solls nun in die Ferne gehn
Fliegen in den Horizont
In die Ferne … ob sich's lohnt?

Noch ein Kuss, ein Blick zurück
zu den Lieben, wo das Glück
Tränenschwer der Abschied dann
Kommt nur gut und sicher an!

Dann erhebt der Vogel sich
Sehnsucht bleibt ganz sicherlich
in den Herzen, die so schwer
Ja, wir kommen wieder her!

Und die Heimat bleibt zurück
Neues kommt so Stück für Stück
Irgendwas ist da gereift,
das man schwerlich nur begreift

Bald schon in der neuen Welt
Hoffnung, dass es lange hält
Tief in uns die Wurzeln sind,
noch zu träumen wie ein Kind …

Besuch bei ihr

Lachend kam sie auf mich zu
Im neuen Kleid, mit schönem Schuh
Sie fiel mir um den Hals vor Glück
Für einen Tag kam ich zurück

Lange sahen wir uns nicht
Und älter schien mir ihr Gesicht
Sorgenfalten warn darin
und sogar ein Doppelkinn

„Schön, dass Du gekommen bist",
sagte sie, ganz ohne List
Ihr gings wohl gut, sie lachte viel
Der Wind um uns war seltsam kühl

Hier in dieser kleinen Stadt
schien ihr Leben gut und glatt
Doch als wir beim Essen warn,
weinte sie ganz leis vor Scham

Der Mann war tot, der Sohn lang fort
Ihr Haus ein einsam, trister Ort
Die Schulden drückten aufs Gemüt
Als einzges nur ihr Lachen blieb

Träume hinter Stein versteckt,
wo niemand die Gefühle weckt
Viel älter schien mir ihr Gesicht
Ja, lange sahen wir uns nicht

Am Grab des Mannes wurd sie schwach
Ich hielt sie fest an jenem Tag
Ich sagte ihr: „Komm einfach mit!"
Komm suche Dir ein neues Glück

Sie winkte ab und sagte: „Nein!"
Im Leben muss so manches sein
Vielleicht kommt doch noch irgendwann
ein neuer lieber treuer Mann

Als ich zurückfuhr nach L.A.
fiel plötzlich erster Winterschnee
Sie winkte noch in aller Ruh
im neuen Kleid, mit schönem Schuh …

Erleichterung

Zieht es Dich mal ganz weit fort,
dorthin, wo die Träume sind,
wartet sie am fernen Ort
Ganz egal, wie weit Du fort
Mutter wartet auf ihr Kind

Ist manch Ziel auch noch so schön,
welches Dir die Fremde zeigt,
bleibt die Spur nach Haus bestehn
Auch wenn stark die Winde wehn
Auch wenn sie vergeht, die Zeit

Jenseitig so mancher Welt
schlägt ein Herz für Dich allein
Dieser Mensch, der zu Dir hält,
bleibt, wenns Glück zusammenfällt
Mutter wird stets bei Dir sein

Selbst im Universum, fern,
wenn Du längst woanders bist,
ist auf jenem kleinen Stern,
dort auf Deiner Erde fern,
Deine Mutter, die Du liebst

Darum habe immer Mut
Niemals bist Du ganz allein
Selbst wenn Dir erstarrt das Blut,
bist Du krank, geht's Dir nicht gut,
Mutter wird stets bei Dir sein

Ein Gerichtsvollzieher

Im schwarzen Zwirn steht er vorm Haus
Er sieht schon ziemlich eigen aus
Er scheint so aufgeräumt und klar
Bald wirkt er wie ein Superstar
Doch sucht er nur Adressen raus …

… von Leuten, die noch zahlen solln
Es rührt ihn nicht, wenn Tränen rolln
Er sieht so kompromisslos aus
Und steht doch einsam dort am Haus
Heut will er sich die Scheinchen holn

Er schiebt die Brille auf die Stirn
Darunter schlägt ein kluges Hirn
Jetzt will er Geld – er fühlt sich stark
Bleibt auch die Ausbeute oft karg -
Er fühlt sich gut in seinem Zwirn

Ob er nicht manchmal Sehnsucht hat
nach jener Kindheit, die nicht glatt
Nach seiner ersten Freundin auch
Nach einem Süßigkeiten-Bauch
Was findet mit dem Mann noch statt?

Ich schau von fern ihn lange an
Er ist ein wahrhaft stolzer Mann
Er lächelt kurz zu mir, wird streng
Er sieht das alles wohl zu eng
Ob er wohl auch mal frei sein kann?

Nervös zupft er sein Hemd zurecht
Fürwahr, an ihm scheint alles echt
Und doch bewundre ich ihn auch
Er ist so schlank, hat keinen Bauch
Von Bonbons wird's ihm sicher schlecht

Noch immer steht er dort am Haus
Er sieht so traurig, ratlos aus
Ich fahr davon und gebe Gas
Er schaut mir nach - war sonst noch was?
Wohl sucht er noch Adressen raus …

Schatten

In der kleinen Dachgeschosswohnung ließ es sich gut leben. Das einzige, was mich störte, war die Hitze, die sich im Sommer unter dem Dach ausbreitete. Dagegen gab es aber nur wenige Möglichkeiten. Dafür war es abends mehr als gemütlich. Ich genoss die Ruhe. Sie hatte so etwas Friedliches. Auch an diesem lauen Sommerabend. Ich saß noch lange vor dem Fernseher, wollte mir noch einen interessanten Film anschauen. Nur eine kleine Salzkristalllampe beleuchtete den Raum. Plötzlich huschte ein Schatten vor dem Fenster vorbei. Ich sah ihn nur im Augenwinkel. Als ich ganzer hinsah, war nichts mehr zu sehen. Kopfschüttelnd schob ich das soeben Erlebte ins Reich meiner Phantasie. Als ich gegen Mitternacht ins Bett gehen wollte, sah ich den Schatten erneut. Er schien hinter meiner Schlafzimmergardine zu schweben. Natürlich bekam ich einen riesigen Schreck. Nervös zog ich die Gardine beiseite und schaute hinaus. Doch da war nichts. Wie sollte das auch möglich sein. Immerhin wohnte ich im dritten Stock. Wie sollte jemand hier hoch gekommen sein, ohne zu fliegen. Sicher war es nur ein Produkt meiner Einbildung. Ich zwang mich, nicht mehr daran zu denken und legte mich ins Bett. Gegen drei Uhr wurde ich von einem lauten Geräusch geweckt. Ich sprang aus dem Bett und lief aufgescheucht durch meine Wohnung. Das Geräusch kam von der Eingangstür. Es splitterte und knackte, gleich würde sie aufspringen. Irgendjemand machte sich von draußen an ihr zu schaffen. Mit einem lauten Knall sprang sie schließlich auf. Ich versteckte mich hinter dem Garderobenschrank. In der Tür standen zwei schwarz gekleidete Personen, die Einbrecher! Nun hatte es also auch mich erwischt. Wie sollte ich mich gegen die beiden zur Wehr setzen. Ich wollte, solange mir keine Lösung einfiel, hinter dem Schrank ausharren. Vielleicht fiel mir ja noch irgendetwas ein. Da ertönten plötzlich laute Schreie von der Tür. Ich zuckte zusammen … hatten sie mich jetzt entdeckt … doch die Schreie hörten sich seltsam an. So, als ob jemand Schmerzen hätte, starke Schmerzen. Ängstlich fasste ich mir ein Herz und blinzelte um die Ecke. Was ich da sah, ließ mir das Blut in den Adern gefrieren. Ein mächtiger schwarzer Schatten schwebte vor den beiden zu Tode erschrockenen Einbrechern. Die ließen von ihrem Vorhaben ab und rannten davon. Nach diesem Erlebnis ließ ich mir eine stärkere Tür mit einem besseren Schloss einbauen. Die beiden Einbrecher wurden schließlich gefasst, als sie gerade eine Bank überfallen wollten. Man erzählte sich, dass zwei riesige schwarze Schatten die beiden am Kragen festhielten bis die Polizei eintraf.

Struwwel

Es war die Zeit der schwarzen Löcher im Kopf. Meine Geschichten wollte keiner lesen, sie waren einfach nicht gefragt. Nach der anfänglichen Euphorie, doch noch etwas Großartiges von mir zu geben, schlich sich lähmende Gleichgültigkeit ein. Ein Ausweg aus meiner Misere schien nicht in Sicht. Und so saß ich mal wieder mutterseelenallein auf meinem Sofa und surfte durchs Internet. Da knackte es auf meinem Balkon. Mürrisch erhob ich mich und wankte zur Balkontür. Zwischen meinen mühselig hochgezogenen Geranien lag etwas Dunkles. Ich griff danach. Vielleicht hatte sich ja irgendetwas von der Balkonverkleidung gelöst. Doch nichts dergleichen – ich hielt ein kleines Püppchen in der Hand. Als ich die Erde von seinem winzigen Gesicht entfernt hatte, lächelte es mich an. Noch heute kann ich nicht beschreiben, wie viel Optimismus von diesem kleinen Wesen ausging. Ich schaute es an und wurde plötzlich froh. Ja, ich lächelte sogar, was in meinem bisherigen Leben schon eine gewisse Seltenheit darstellen mochte. Mit einem Schlag fühlte ich mich nicht mehr so allein. Schnell lief ich ins Badezimmer und spülte den Schmutz von seinen Kleidern. Dann stellte ich es zum Trocknen aufs Fensterbrett. Schließlich setzte ich mich davor und betrachtete den lustigen Kerl. So circa 20 Zentimeter mochte das Püppchen gewesen sein. Seine kurzen braunen Haare standen ein wenig ab. Irgendwie sah es aus wie ein Struwwelpeter. So etwas Lustiges hatte ich in der Tat noch nie gesehen. Lange saß ich so da und schaute es an. Dann beschloss ich, ihm einen Namen zu geben. Und weil ich zuerst an einen Struwwelpeter dachte, nannte ich es einfach Struwwel. Seine lustigen karierten Hosen und der leuchtend gelbe Wams passten am besten zu einem kleinen Jungen. Nun ja. Als Struwwel endlich trocken war, nahm ich ihn überall mit hin. Musste ich aufs Klo, kam er mit. Musste ich in die Küche, stand er auf dem Kühlschrank und beobachtete mich. Und als ich schließlich vor Müdigkeit in mein Bettchen sank, stand er wachsam auf dem kleinen Nachtschränkchen. Am folgenden Tag erwachte ich schon recht früh. Gegen Fünf Uhr stand ich bereits unter der Dusche. Struwwel stand noch auf dem Nachtschränkchen und lachte. Als ich klitschnass aus der Dusche kam, klingelte es. Ich erschrak mich derart, dass ich auf dem glatten Fliesenfußboden ausrutschte. Nirgends konnte ich mich festhalten. Doch ehe ich auf dem Boden aufkam, schien mich irgendetwas aufzuhalten. Ich sank wie auf ein Kissen und schwebte sekundenlang über dem Fußboden. Panisch griff ich nach der Duschumrandung und zog mich wieder hoch. Noch immer am ganzen Leibe zitternd stand ich da und starrte auf die Waschmaschine. Ich konnte es nicht glauben, aber dort stand tatsächlich Struwwel. Regungslos stand er da und lachte. Als ich die Wohnungstür öffnete, war keiner mehr da. Was solls, dachte ich nur. Beinahe wäre ich noch ein Pflegefall geworden. Aber wie kam Struwwel ins Bad. Hatte ich ihn nicht im Schlafzimmer vergessen? Ich schob das Erlebnis meiner Vergesslichkeit zu. Vielleicht hatte ich ihn doch mit ins Bad genommen und ihn wegen des Klingelns einfach nur vergessen. Ich widmete mich meinem Alltag, fuhr zum Supermarkt und checkte meine Emails. Gegen Mittag kehrte die Einsamkeit zurück. Das Fernsehprogramm ließ mehr als zu Wünschen übrig und ich saß müde auf meinem Sofa herum. Und wie jeden Tag zermürbten mich endlose Gedanken an ein besseres Leben. Sie krochen durch meine trägen Hirnwindungen wie ein glitschiger Wurm. Sie verstopften jeglichen Drang nach Aufbruch und Leben. Dennoch spürte ich auch an diesem Tage ein seltsames Gefühl, vielleicht etwas ganz Neues zu beginnen. Aber am Ende siegte doch wieder meine ganz persönliche Bequemlichkeit. Ich schluckte mein Mittagessen hinunter und gab mich meiner langsam aufkommenden Mittagsschlaf- Müdigkeit hin. Struwwel stand auf dem Tisch vor mir und lachte. Ich konnte nicht anders, ich musste ihn anschauen. Doch sein ewiges Lachen ging mir irgendwie auf die Nerven. So langsam keimte in mir der Verdacht, Struwwel könnte mich möglicherweise auslachen wollen. Auslachen, weil ich einfach nicht mehr in die Gänge kam.

Kopfschüttelnd schloss ich die Augen und schlief ein. Doch selbst im Traum erschien mir Struwwel. Ich stand ganz nah vor mir und lachte. Doch dann verzog er sein Gesicht. Das Lachen wich und er begann zu sprechen: „16 Uhr musst du fernsehen …

vergesse es nicht …". Als ich erwachte, war Struwwel verschwunden. Er stand nicht mehr auf dem Tisch wie vorhin. Seltsam. Wie konnte das sein. Wo war er nur? Hatte ich ihn vielleicht im Schlaf vom Tisch gefegt? Ich schaute auf den Teppich. Nein, dort lag er nicht. Gähnend stand ich auf und suchte die ganze Wohnung ab. Doch Struwwel blieb verschwunden. Das kann doch nicht sein, rief ich laut. Ich fläzte mich auf mein Sofa zurück und schaute unters Kopfkissen. Plötzlich schaltete sich der Fernseher ein. Ich zuckte zusammen. Wie war das möglich? Saß ich auf der Fernbedienung? Mir fiel ein, dass sie kaputt in irgendeinem Schrank lag. Nervös schaute ich zu meinem alten Regulator. 16 Uhr … ich erschrak … hatte Struwwel nicht gesagt … aber das war doch nur ein Traum … oder … doch nicht? Wie gebannt starrte ich zum Fernsehgerät. Gerade wurde ein bekannter Schriftsteller interviewt. Er meinte, dass er jemanden für eine neue Comicserie suchte. Jeder, der gern schrieb, könnte sich melden. Ich notierte mir die Adresse seines Verlages. Noch am selben Abend schrieb ich einen Brief an den Verlag und legte eine Leseprobe bei. Drei Wochen vergingen, als ein Brief im Kasten lag, der mein ganzes Leben veränderte. Der Verlag

167

hatte sich gemeldet. Ich sollte mich mit weiteren Schriftproben beim Verlag vorstellen. Noch glaubte ich dem Frieden nicht, konnte mir nicht vorstellen, dass diesem großen Schriftsteller ausgerechnet meine Werke gefielen. Sie hatten ihm gefallen. Er war an einer Zusammenarbeit mit mir interessiert. Mehr noch. Er meinte sogar, dass ihm noch kein Autor untergekommen sei, der einen solch spannenden Schreibstil hätte wie ich. Mein Leben erhielt wieder einen Sinn. Ich arbeitete Tag und Nacht und nach etwa einem halben Jahr brachten wir die neue Comic-Serie auf den Markt. Sie wurde ein großer Erfolg. Sie nannte sich: „Struwwels Abenteuer" …

Weihnachtsmarkt

Weihnachten stand vor der Tür und Unmengen von Schnee fielen vom Himmel. Das Schneetreiben kannte einfach kein Ende an diesem Abend. Mit meiner Mutter war ich unterwegs in der großen Stadt Berlin. Erst vor vier Wochen war ich hierher gezogen. Und obwohl ich diese Stadt über alles liebte, kannte ich mich doch noch nicht so recht in ihr aus. Wir zogen von Weihnachtsmarkt zu Weihnachtsmarkt. Der Geruch von gebrannten Mandeln und Bratwurst – das kannte ich noch aus meiner Kinderzeit. Jetzt, nach all diesen Jahren, nach all dieser langen Zeit fühlte ich mich doch wieder wie ein Kind. Die Weihnachtsmusik in den Straßen und die Kälte, die sich wie ein Schleier über die vorweihnachtliche Stadt legte, all das liebte ich so. Und obwohl ich in den vielen Jahren so manchen Schicksalsschlag hinnehmen musste, war es doch in der Weihnachtszeit so, als ob alles Ungemach von mir abfiel. In so vielen Gesichtern konnte ich all diese Freiheit, all diesen segensreichen Frohsinn entdecken. Jeder wollte in diesen Tagen alles Übel, alle Ängste vergessen und einen Hauch von Kindlichkeit und Neugier im Herzen spüren. Und ich war so glücklich, dass ich meine Mutter bei mir hatte, dass ich sie zu diesem Weihnachtsfest bei mir haben durfte. Brav und von allen Sorgen befreit lief ich neben meiner Mutter her. Meine rosigen Wangen leuchteten und meine Augen blitzten erwartungsvoll unter meinem viel zu erwachsenen Basecap hervor. Als wir uns nach diesem erlebnisreichen Tag schließlich schon müde glaubten, setzten wir uns in die U-Bahn und fuhren nach Pankow, wo ich wohnte. Dort hatte ich eine wunderschöne kleine

Wohnung angemietet. Unterwegs musste ich eingeschlafen sein. Erst als mich meine Mutter leicht an der Schulter rüttelte, wachte ich auf. „Du, sind wir hier richtig? Pankow ist schon ne Weile hinter uns …" Blinzelnd schaute ich mich um. Der Zug schien leer zu sein. Als er hielt, stiegen wir aus. Doch auch die Bahnstation war menschenleer. Nirgends entdeckte ich ein Hinweisschild. Wo waren wir nur? Vielleicht handelte es sich hier um eine neue U-Bahn-Station und Pankow lag nicht weit entfernt. Ständig wurde ja irgendetwas Neues in Berlin fertig gestellt. Als wir auf die Straße kamen, wunderte ich mich noch mehr. Auch hier war keine Menschenseele zu sehen. Gleich neben dem Aufgang befand sich ein kleiner Weihnachtsmarkt. Und obwohl es mehrere Buden gab, konnte ich auch hier keinen einzigen Menschen entdecken. Nur die Weihnachtsmusik und der würzige Pfefferkuchen-Duft luden zum Verweilen ein. Meine Mutter schaute mich ein wenig ratlos an. „Komm, wir schauen uns hier mal um!", meinte sie dann. Kurz entschlossen betraten wir diese wunderbare Märchenwelt. Doch wie eigenartig- obwohl alle Stände und Buden hell erleuchtet waren, war doch kein einziger Verkäufer zu sehen. An einer Bude, wo es wunderbar nach gebrannten Mandeln roch, blieben wir stehen. Hier lagen riesige Pfefferkuchen und Süßigkeiten in den Auslagen. Riesige Schokoladenweihnachtsmänner lachten uns aus den Regalen an. „Hallo, ist da jemand?", rief ich laut. Hinter einer mit Pfeffernüssen gefüllten Kiste tauchte plötzlich der Kopf eines alten Mannes auf. „Sagen Sie, warum sind hier keine Leute? Weiß keiner, dass Sie geöffnet haben?", fragte ich den freundlich lächelnden Mann. Der betrachtete mich interessiert und nickte dann vielsagend meiner Mutter zu. Dann sagte er mit ruhiger Stimme: „Kann schon sein. Manche kommen nicht bis hierher. Und manche Leute kennen den Weg nicht. Trotzdem habe ich auf Dich gewartet. Jeder, der bis hierher kommt, ist willkommen." Verdutzt schaute ich den Alten an. Mit solch einer seltsamen Antwort hatte ich nicht gerechnet. Mutter fragte mich, ob ich Pfeffernüsse wollte. Ich nickte genüsslich und meinte, dass wir auch eine Tüte gebrannte Mandeln mitnehmen sollten. „Die kaufst Du aber schön selber…", entgegnete sie lakonisch. Der alte Mann wiegte seinen Kopf hin und her. Als ob er bereits geahnt hatte, was wir wollten, reichte er uns die schon gefüllten Tüten. Dann sagte er leise zu mir: „Ja ja ... wie früher ... man darf niemals verlernen, Kind zu sein. Nur so bleibt man ewig jung." Dabei lächelte er wieder so geheimnisvoll. „So, jetzt müsst Ihr aber gehen, ich schließe jetzt. Und weiß immer darum- alles wird gut. Und wenn Du mal nicht weiter weißt, dann denk an diesen Weihnachtsmarkt. Hier werden alle Träume wahr." Der Alte holte etwas aus seiner Hosentasche. „Hier, nimm das. Heb es gut auf. Es soll Dir immer Glück bringen. Egal, wo Du auch bist." Mit diesen Worten verschwand er wieder hinter seinen Kisten. Neugierig öffnete ich in meine Hand. Ein kleiner, matt glänzender Zinnsoldat lag darin. Wieso gab mir der Mann einen Zinnsoldaten? Mutter lächelte und meinte nur: „Siehst Du, Du musst immer stark sein und durchhalten. Kämpfe wie ein Soldat. Dann wirst Du es schaffen. Du darfst nicht immer gleich so schwarzsehen. Es wird im Leben nichts so heiß gegessen, wie es gekocht wird. Glaube dem alten Mann- alles wird gut." Wir verließen den kleinen Weihnachtsmarkt und stiegen vorsichtig die glatten Stufen zur U-Bahn-Station hinab. Da stand bereits ein Zug. Doch wie vorhin war nirgends ein Mensch zu sehen. Als wir platzgenommen hatten, setzte sich der Zug langsam in Bewegung. Das gleichmäßige Schaukeln ließ mich schnell einschlafen. „Aufwachen … wir sind da … na komm, jetzt wird nicht mehr geschlafen!" Erschrocken fuhr ich hoch. Mutter stand schon an der Tür. Ich staunte … wo kamen all die vielen Leute plötzlich her? „Pankow, alles aussteigen. Dieser Zug endet hier …", tönte eine monotone Stimme vom Bahnsteig her. Langsam kehrte ich in die Wirklichkeit zurück. „Wo ist der alte Mann, der Weihnachtsmarkt … die Pfeffernüsse …", brabbelte ich kopfschüttelnd vor mich hin. Mutter lachte laut: „Na, das hättest Du wohl gern. Soviel Süßes gibt's heute nicht mehr." Irritiert und noch immer hundemüde trottete ich aus dem Zug und quetschte mich an all den vielen Leuten vorbei. Der Weihnachtsmarkt … der alte Mann … alles nur geträumt … schade. Dabei schien alles so real. Als wir zu Hause ankamen, war ich wieder hellwach. Ich erzählte meiner Mutter von meinem merkwürdigen Traum. Und während ich mir meine Sachen auszog, rief sie aus der Küche: „Jetzt mach ich uns erst einmal einen heißen Tee und dann reden wir weiter!" Als ich meine Hose auf einen Bügel hängen wollte, fiel ein harter Gegenstand aus der Hosentasche zu Boden. Neugierig hob

ich ihn auf ... es war ein kleiner, matt
glänzender Zinnsoldat ...

Zweite Chance

Harry war ein erfolgloser Schriftsteller. Seine
Kurgeschichten wollte keiner lesen. Schon
dutzende Male hatte er seine Geschichten
zahllosen Verlagen angeboten. Doch
entweder schickte man ihm alles wieder
zurück oder er erhielt nur ein vorgefertigtes
Schreiben mit dem Wortlaut, dass man kein
Interesse an seinen Werken habe. Traurig
schaute sich Harry seine Aktenordner an.
Wenn keiner seine Werke wollte, wozu dann
noch weiter schreiben. Wofür überhaupt
noch weiter leben. Nachdenklich setzte er
sich auf die Terrasse seines kleinen Hauses
und blinzelte in die untergehende Sonne.
Seit seine Frau von ihm gegangen war, fühlte
er sich einsam und schlecht. Hier draußen in
Chandlers- Cove, wo sich die Füchse „Gute
Nacht"   sagten,   da   gab   es   keine
Abwechslung. Mit Tränen in den Augen
kramte er die alten Fotos aus dem Schrank.
Wie ein Film lief sein Leben an ihm vorbei ...
die Jahre mit seiner Frau Emily, seine
Tochter, die ihn sehr oft aus New York anrief
... sein damaliger Job als Polizist ... all die

wunderschönen Jahre. Was war von alledem geblieben? Er zündete sich eine Kerze an und lehnte sich zurück. Leise summte er eine alte Melodie, zu der er mit seiner Frau oft getanzt hatte. Ja, es war ihr Lied. Er hatte sie so geliebt. Lächelnd schloss er seine Augen und träumte. Plötzlich sprach jemand zu ihm: „Na Harry, alles klar?". Erschrocken riss er die Augen wieder auf ... in der gegenüberliegenden Ecke der Terrasse stand ein junges Mädchen. Sie war mit einem schwarzen Lederanzug bekleidet. Empört wollte er aufstehen, doch das Mädchen rief laut: „Hey, bleib sitzen. Ist alles ok! Geht's dir nicht gut?". Harry war fassungslos ... „Wie kommen Sie hier herein? Die Tür ist doch …". Das Mädchen lachte nur und sagte dann unbeeindruckt: „Ist doch egal. Es ist wie es ist! Du solltest mehr leben und Dich nicht immer ärgern!". Dabei schaute sie ihn nachdenklich an. Harry lehnte sich wieder zurück. Irgendwie hatte sie ja recht. Mit seinen stolzen 65 Jahren hatte er soviel erreicht. Immerhin war er mal Oberkommissar. Das war doch auch was. Und warum nicht wieder auf Brautschau gehen. „Genau!", rief das Mädchen. „Du brauchst einfach wieder eine Frau! Du musst mal auf andere Gedanken kommen. Zieh dich an und geh mal wieder unter die Leute!". Harry stutzte. Woher wusste sie, was er gerade dachte? Was ging hier eigentlich vor? Und warum war ihm so leicht und warm ums Herz? „Hier nimm!", rief das Mädchen und warf ihm eine silberne Münze zu. „Die soll Dir Glück bringen! Und jetzt muss ich wieder los! Pass auf dich auf! Und denk immer daran- warte nicht auf das Leben! Es ist hier! Du musst es einfach nur nutzen ... Ahoi!". Harry hob die Münze vom Fußboden auf. Als er wieder aufblickte, war das Mädchen verschwunden. Irritiert schaute er sich um. Dann ging er ins Haus zurück und legte sich schließlich hundemüde ins Bett. Es waren unerträglich laute Stimmen, die Harry einfach nicht mehr schlafen ließen. Nervös wälzte er sich von einer Seite auf die andere. Als ihn jemand an der Schulter rüttelte, wurde er wach. Vor ihm stand eine Frau in weißer Kleidung. Er wollte aufstehen, doch irgendwie fühlte er sich tonnenschwer. Auch hatte er so ein undefinierbares taubes Gefühl im Mund. „Er kommt zu sich ...", rief die Fremde. „Hallo, wie geht es Ihnen?". So langsam kehrten die Erinnerungen zurück. Die alten Fotos, das Mädchen ... die Münze. Es dauerte, bis Harry realisiert hatte, dass er im

Krankenhaus lag. Vor ihm stand eine Schwester in einem weißen Kittel. Ihr strenges, aber gutmütiges Gesicht ließ ihn erschaudern. „Seien Sie froh, dass sie zeitig genug gefunden wurden. Sie hatten einen schweren Herzinfarkt. Wäre ihre Tochter nicht zu Besuch gekommen und hätte sie uns nicht schnell genug alarmiert, wären Sie wohl nicht mehr unter uns.". Irritiert schaute Harry die Krankenschwester an. Seine Tochter? Wieso seine Tochter? Das junge Mädchen von gestern war doch nicht seine Tochter. Später stellte sich heraus, dass seine Tochter tatsächlich nicht bei ihm war. Als sie ihn noch am gleichen Tage im Krankenhaus besuchte, erzählte sie ihm, dass sie am Vortag ein unerklärliches Gefühl hatte. Plötzlicher Schwindel und ein seltsames Gefühl, das irgendetwas Furchtbares passiert sein musste, beunruhigte sie sehr. Als sie ihn schließlich mehrmals anrief und er nicht ans Telefon ging, nahm sie den nächsten Flug. Doch sie konnte nicht schnell genug bei ihm sein. Noch im Flugzeug betete sie zu Gott und bat ihn um Hilfe. Wer wirklich bei Harry war, fand man nie heraus. Er heiratete wieder und brachte sein erstes Buch auf den Markt. Schon nach kurzer Zeit wurde es ein

Bestseller. Es hieß: „Das Mädchen mit der Münze" ...

Das Unwetter

Es war einer dieser verrückten Tage, an denen man sich wünscht, nie aufgestanden zu sein. Die Redaktion lag mir schon seit Tagen in den Ohren, doch endlich den Bericht über einen Tierhaltungs- Skandal in einer Schweinefarm abzuliefern. Außerdem wollte mein Chef noch ein Interview mit dem Bürgermeister von mir. Ich hatte ihm versprochen, das Material bis zum Wochenende zu faxen. Und bis zum Wochenende waren es nur noch zwei Tage. Es war ein fürchterlicher Tag- zuerst gab die Kaffeemaschine ihren Geist auf. Dann rutschte mir die Kaffeedose in geöffnetem Zustand aus den müden Händen. Und Ersatz war keiner mehr da. Also hieß es – Wasser trinken und schnellstens zur Schweinefarm fahren, um wenigstens den dortigen Betriebsleiter noch zu einem Statement zu bewegen. Danach wartete der Bürgermeister schon auf mich. Und weil der Tag nichts auszulassen schien, zog nun auch noch ein Unwetter von der übelsten Sorte auf. Die löcherige Landstraße verwandelte sich augenblicklich in einen sumpfigen Feldweg. Immer wieder hielt ich den Wagen an, überlegte, ob ich überhaupt weiter fahren sollte. Es wurde immer dunkler und der Regen klatschte gnadenlos gegen die Autoscheiben. In einer Waldschneise hielt ich den Wagen schließlich an und versuchte, mit dem Handy den Bürgermeister anzurufen. Doch … Fehlanzeige … der Akku war leer! „Verdammt!", rief ich genervt und warf das Handy ärgerlich auf den Beifahrersitz. Genervt schaute ich durch die regennassen Scheiben auf die Straße hinaus, in der vergeblichen Hoffnung, vielleicht irgendwo eine Telefonzelle zu erspähen. Natürlich war ich mir im Klaren, wie unsinnig dieses Vorhaben sein musste. Nun schien auch noch der Termin in der Schweinefarm zu platzen. Stöhnend schaltete ich das Radio ein. Plötzlich knallte es und ich fuhr erschrocken zusammen. Draußen zog ein heftiges Gewitter auf. Doch da war noch ein anderes Geräusch … es hörte sich an, als klopfte jemand gegen den Wagen. Weil die Scheiben ganz plötzlich beschlugen, konnte ich nicht sehen, was draußen passierte. Nur die hellen Blitze erhellten kurzzeitig gespenstisch die Szenerie. Mit meiner Hand wischte ich umständlich ein kleines

Sichtloch, damit ich wenigstens etwas erkennen konnte. Auf dem Weg vor meinem Wagen schien jemand zu stehen. Da ich nichts Genaues erkennen konnte, öffnete ich vorsichtig die Tür und blinzelte durch den Regen. Und tatsächlich. Am Wagen, halb schon lehnend, stand ein alter Mann in zerrissener Kleidung. Er stützte sich auf einen Stock und konnte sich kaum noch halten. Vermutlich hatte er mit diesem Stock gegen das Auto geklopft. Ich bedeutete dem Alten, doch einzusteigen. Doch der reagierte nicht. Hatte er mich überhaupt verstanden oder war er gar taub? Es half nichts. Ich konnte den Mann nicht hilflos in diesem Unwetter allein stehen lassen und stieg aus. Als ich mir die Jacke über den Kopf zog, schaute ich wohl sekundenlang zu Boden. Als ich wieder aufsah, war der Alte verschwunden. „Hallo!", rief ich laut, „Sind Sie noch da? So antworten Sie doch. Sie können doch nicht allein bei diesem Wetter …". Plötzlich tippte mir jemand auf die Schulter. Ich erschrak mich fürchterlich und fuhr herum … hinter mir stand der Alte und starrte mich an. Eiskalt lief es mir den Rücken herunter. Er schien gar nicht nass geworden zu sein, doch seine schmutzige Kleidung hing in Fetzen an ihm herunter.

Seine alten Schuhe, die für solch ein Wetter nun wahrlich nicht geeignet schienen, mussten längst total durchweicht sein. Doch sie waren trocken. Irgendwann fand ich meine Beherrschung wieder und fragte ihn, ob er nicht lieber mit ins Fahrzeug kommen möchte. Er wiegte ganz sacht seinen Kopf und wies mit dem Stock in meine Fahrtrichtung. Dann sagte er mit monotoner Stimme: „Fahre hier nicht weiter. Fahre den Umweg oder kehre besser wieder um. Fahre aber auf keinen Fall hier weiter.". Ein lauter Donnerschlag brach ihm das Wort ab und ich rannte zurück zum Wagen. Als ich mir die Jacke ausgezogen hatte, wollte ich dem Alten noch ein Zeichen geben, vielleicht doch noch ins Fahrzeug zu kommen. Doch der war wie vom Erdboden verschluckt. Ich schaltete das Fernlicht ein und wischte immer wieder die Scheibe – doch der Alte war nirgends zu sehen. Nur der vom Sturm gepeitschte Regen klatschte auf die schlammige Straße. Obwohl ich nicht abergläubisch bin, gingen mir doch die beschwörenden Worte dieses Mannes nicht mehr aus dem Sinn. Ich entschloss mich deswegen, umzukehren. Es hatte eh keinen Sinn mehr, weiter zu fahren. Alle Termine waren wegen des starken Unwetters längst geplatzt. Als ich mich bereits auf halber Strecke nach Hause befand, meldete sich plötzlich der Verkehrsfunk mit einer Eilmeldung. Man sprach von einem Erdrutsch, den es vor wenigen Minuten auf der Straße zur Schweinefarm gegeben hatte. Die Straße sei an dieser Stelle von den Gesteins- und Erdmassen begraben worden. Ich konnte nicht fassen, was ich da hörte. Aber ich war froh, noch einmal mit meinem Leben davon gekommen zu sein. Wäre ich weiter gefahren, so hätte es mich hundertprozentig erwischt. Am nächsten Tag konnte man in der Zeitung lesen, dass es tatsächlich einen heftigen Erdrutsch infolge schwerer Regengüsse gegeben hatte. Ein Toter sei zu beklagen. Auch das Foto des Toten hatte man abgedruckt. Es war der alte Mann, der auf der Straße stand und mich gewarnt hatte ….

Alpträume

Wer hatte nicht schon einmal einen Alptraum. Und wer war dann nicht heilfroh, nach einem solchen Traum wieder aufgewacht zu sein. Wirklich erklären lässt sich dieses Phänomen bis heute nicht. Aber sind wir nicht manchmal erstaunt, wenn wir etwas erleben, was wir geträumt haben? Julia Simon träumte gern. Ja, sie freute sich sogar schon jeden Abend auf das, was ihr in den Träumen begegnete. Einen Alptraum hatte sie noch nie. Bis zu jener Nacht, in welcher sie sich wünschte, niemals eingeschlafen zu sein. Der Tag verlief für die 35-jährige Sekretärin einer kleinen Rechtsanwaltskanzlei ohne große Probleme. Wie jeden Tag fuhr sie nach der Arbeit noch schnell am Supermarkt vorbei, um ein paar Kleinigkeiten einzukaufen. Da sie allein lebte, brauchte sie nicht viel. Auf die köstliche Tafel Nussschokolade, die sie fast jeden Abend vor dem Zubettgehen genüsslich verzehrte, wollte sie aber auch diesmal nicht verzichten. Als sie die ersehnte Tafel aus dem Regal nehmen wollte, entwich sie ihren Händen und fiel auf den Boden. Ein älterer Herr, der plötzlich neben ihr stand, bückte sich und hob sie auf. Julia bedankte sich und wollte weiter gehen. Da rief der Mann hinter ihr: „Warten Sie einen Moment.". Und da sie es nicht eilig hatte, blieb sie stehen und hörte dem alten Mann zu. Er hatte ein kränkliches fahles und beinahe eingefallenes Gesicht. „Sie sind sehr nett. Was halten Sie davon, wenn wir drüben an der kleinen Bäckerei noch einen Kaffee trinken?". Zwar wunderte sich Julia über diese Einladung. Aber einen Kaffee konnte sie nach dem langen Tag wirklich gebrauchen. Irgendwie fand sie diesen alten Mann sympathisch. Dennoch hatte sie ein seltsames Gefühl, als sie ihn so vor sich sah. Er sprach von seiner Frau, die schon seit zehn Jahren tot war. Die Ehe blieb kinderlos, worüber er sehr traurig schien. Als er sich verabschiedete, sagte er etwas sehr merkwürdiges: „Passen Sie immer gut auf sich auf. Und achten Sie auf Ihre Träume …". Lange dachte Julia noch an diese letzten Worte. Was konnte er damit gemeint haben? Nachdem sie Ihre allabendliche Nussschokolade verzehrt hatte, fiel sie todmüde ins Bett. Und wie immer schlief sie schnell ein. Doch in dieser Nacht war alles anders. Im Traum sah sie sich in einer fremdartigen Welt. Alles um sie herum erschien düster und trübe, ja sogar bedrohlich. Ganz allein stand sie auf einer großen Wiese. Auf einer kleinen Anhöhe sah sie ein altes verfallenes Haus. Irgendetwas trieb sie magisch dorthin. Wie selbstverständlich betrat sie das Haus. Durch die zerbrochenen Fensterscheiben pfiff der Wind und bewegte dabei herumhängende Spinnweben hin und her. Das Gebäude schien verlassen. Keine Möbel, keine Gegenstände- die Ruine war leer. Durch eine knarrende löchrige Holztür gelangte sie zu einer Treppe. Sie führte hinunter in den Keller. Hier war es stockdunkel. Aus der Manteltasche holte Julia eine Taschenlampe und schaltete sie ein. Die Kellertreppe führte zu einem großen Raum. In der Mitte des Raumes gähnte ein Loch. Langsam schritt sie darauf zu und leuchtete mit der Taschenlampe hinein. Wie in einem Kessel hatte sich dort unten eine Menge Wasser angesammelt. Was sie jedoch dann sah, ließ ihr das Blut in den Adern gefrieren. Aus dem Wasser ragte eine knochige Hand und wies geradewegs in ihre Richtung. Panisch und so schnell sie konnte rannte sie die Treppe wieder hinauf … dann zerfloss alles vor ihren Augen … Schweißgebadet wachte sie auf. So etwas hatte sie wirklich noch niemals geträumt. Noch immer zitterte sie am ganzen

Leibe. Aufgeregt sprang sie aus dem Bett und lief in die Küche, um sich ein Glas Wasser zu holen. Dann setzte sie sich auf einen Stuhl und atmete erst einmal tief durch. Unendlich viele Fragen schossen ihr plötzlich durch den Sinn. Warum dieser furchtbare Traum? Und was hatte er zu bedeuten? Hatte der Alte nicht gesagt, sie sollte auf ihre Träume achten? Wie hatte er das gemeint? Oder war das alles nur Einbildung?". Als sie sich wieder beruhigt hatte, legte sie sich zurück ins Bett, um vielleicht doch noch ein wenig zu schlafen. Doch als sie die Augen schloss, tauchte sie wieder in den gleichen Traum ein wie eben. Der Rasen, das alte Haus, die knochige Hand. Diesmal hielt sie aber irgendetwas fest in seinem Bann. Sie konnte einfach nicht aufwachen. Es war beinahe so, als ob sie noch etwas Entscheidendes träumen sollte. Und so war es dann auch. Als sie wieder über den endlos scheinenden Rasen lief, tauchte vor ihr plötzlich eine Ampelkreuzung auf. Sie kannte diese Kreuzung. Jeden Morgen musste sie dort entlang, um zu ihrer Arbeitsstelle zu gelangen. Doch etwas Merkwürdiges war da noch. Immer wieder hörte sie eine Stimme, die ihr ebenfalls sehr bekannt vorkam. Es hörte sich so an, als ob der Alte, den sie am Vortage im Supermarkt getroffen hatte, zu ihr sprach. Mit einer seltsam monotonen Stimme sagte er zu ihr: „Du musst mich finden … sonst sterbe ich …". Schließlich löste sich die merkwürdige Szenerie auf und sie erwachte. Irritiert schaute sie sich um. Glücklicherweise war dieser Alptraum zu Ende. Doch was sollte sie jetzt tun? Alles vergessen? Sie erinnerte sich, dass alles, was sie eben geträumt hatte, so real erschien. Beinahe so, als ob es tatsächlich passiert sei. Als sie an diesem Morgen aus dem Haus ging, fühlte sie sich nicht nur unausgeschlafen.

Nein, immerzu musste sie an diesen fürchterlichen Traum denken. Sollte sie vielleicht jemandem davon erzählen? Was, wenn man ihr nicht glaubte … würde man sie nur belächeln? Obwohl sie sich immer wieder zwang, den Alptraum zu vergessen, drängte er sich doch immer wieder auf. An der Ampel verpasste sie deswegen sogar die Grün-Phase und musste warten. Dabei schaute sie zur gegenüberliegenden Straßenseite. Ihr Blick fiel auf eine große Wiese und plötzlich durchzuckte sie es wie ein Blitz! Die Wiese erstreckte sich über einen angrenzenden kleinen Hügel bis hin zu einem alten Haus. Und plötzlich bemerkte sie es - auch die Kreuzung glich aufs Haar der aus ihrem Traum! Warum war sie nicht schon eher darauf gekommen? Diese Kreuzung, die große Wiese, das alte Haus ... alles wie in ihrem Traum! Aber wieso? Als es Grün wurde rannte sie über die Straße und lief über die Wiese bis zum Haus. Es ähnelte verblüffend der Ruine aus ihrem Traum. Die Tür war nur angelehnt. Vorsichtig trat sie ein. Lebte hier noch jemand? Die alten Dielen knirschten laut unter ihren Füßen. Hoffentlich hatte sie keiner gehört. Doch ihre Angst war unbegründet. Das Haus schien unbewohnt. Jedenfalls waren die Zimmer leer geräumt. Und erst jetzt fielen ihr auch die zerbrochenen Fensterscheiben auf. Es war alles wie in ihrem Traum- wie auch der Wind, der durch die zerbrochenen Scheiben säuselte und die Spinnweben davor hin und her bewegte. An der Kellertür entdeckte sie ein zerrissenes Schriftstück. Es war ein Brief, der an einem rostigen Nagel hing. Die obere Hälfte hatte jemand abgerissen. Doch unten konnte man noch etwas entziffern. Verdutzt las Julia, dass das Haus in Kürze abgerissen werden sollte. Enttäuscht, vermutlich doch einem Irrtum unterlegen zu sein, wollte sie das Haus wieder verlassen. Da bewegte sich knarrend die Kellertür. Die Zugluft musste sie geöffnet haben. Zwar spürte sie, wie ihr das Herz in die Hose rutschte, doch ihre Neugierde ließ sie die Tür ganz öffnen. Ihr fiel ein, dass sie für Notfälle immer eine kleine Taschenlampe mit sich führte. Nervös kramte sie die Lampe aus ihrer Handtasche und leuchtete damit in die gähnende Schwärze des Kellerganges. Mutig, jedoch vorsichtig schritt sie die schmale steinerne Treppe hinab. Es roch muffig und feucht. Das Atmen fiel immer schwerer. Als sie unten angekommen war, tappte sie zunächst in eine Pfütze. Sofort drang das kalte Wasser in ihre leichten Sommerschuhe. „Mist!", rief sie laut und blieb stehen. Das war auch ihr Glück. Denn als sie den Raum vor sich ausleuchtete, erschrak sie. Vor ihr tat sich ein tiefes Loch auf. Und sofort hatte sie die Bilder ihres Traumes wieder im Kopf. Dieses Loch da ähnelte verblüffend dem in der Ruine aus ihrem Traum. Eigentlich wäre sie schon lange voller Angst davon gerannt. Aber ihre unglaubliche Neugier ließ sie wie angewurzelt stehen bleiben. Irgendein lautes Geräusch, welches ganz aus ihrer Nähe kommen musste, irritierte sie. Es hörte sich an, als ob jemand mit einem Hammer …

doch halt … das war kein Hammer. Das war ihr Herz, welches ihr bis zum Halse schlug. Noch einmal atmete sie tief durch und leuchtete mit der Lampe in das Loch hinein. Und tatsächlich- wie in ihrem Traum hatte sich am Grund eine Menge Wasser angesammelt. Doch was war das … Julia schaute genauer hin … im Wasser zuckte etwas … es war ein menschlicher Körper. Mit einem heftigen Aufschrei rannte sie die rutschigen Stufen wieder hinauf, rannte aus dem Haus … über den Rasen … hinunter zur Straße. Mit allerletzter Kraft schaffte sie es noch bis zum nahe gelegenen Polizeirevier. Atemlos und völlig entkräftet schilderte sie dort ihre furchtbaren Erlebnisse. Es stellte sich heraus, dass das verfallene Haus einem alten Mann gehörte. Das Haus sollte am darauf folgenden Tag abrissen werden. Der Alte war noch einmal gekommen, um etwas aus dem Keller zu holen. Dabei war er auf der Treppe ausgerutscht und in das Loch gefallen. Hätte Julia ihn nicht rechtzeitig gefunden, wäre er vermutlich gestorben. Tage später ging Julia ins Krankenhaus, um den alten Mann zu besuchen. Schockiert stand sie vor dem Krankenbett- es war der alte Mann aus dem Supermarkt …

Urlaub

James Dyron hatte schon seit Jahren keinen Urlaub mehr nehmen können. Der Job als Werbemanager einer großen Firma hielt ihn in Atem und in ständiger Bewegung. Eines Tages spürte er, wie ihn die Kräfte verließen. Er fühlte sich ausgebrannt und leer. Morgens stand er vor dem Spiegel und starrte schweigend hinein. Was er darin sah war ein gebrochener unglücklicher Mann. Und irgendwie überkam ihn Angst, den immer höher werdenden Anforderungen, die seine Firma an ihn stellte, nicht mehr gewachsen zu sein. Unter einem Vorwand nahm er sich einige Tage Urlaub. Keiner seiner Kollegen wunderte sich. Doch in ihren Gesichtern konnte er die Missgunst und den Neid erkennen, den sie seit Jahren auf ihn hatten. Zwar wünschten sie ihm einen schönen Urlaub, doch insgeheim freuten sie sich, ihren erfolgreichen und viel zu gut bezahlten Kollegen vielleicht endlich los zu sein. James wusste genau, dass er es nach seinem Urlaub noch schwerer haben würde als jetzt. Doch er schob diese Erkenntnis weit von sich. Er wollte nur ganz weit weg von alledem sein, was ihn hier umgab. Im Internet hatte er eine kleine Hütte in den Bergen entdeckt. Sie schien gerade frei geworden zu sein und so buchte er sie für zwei Wochen. Schon nach zwei Tagen begann die Reise. Es war eine malerische Gegend hier oben in den Rocky Mountains. So etwas hatte er sich seit Jahren gewünscht. Der dichte Wald und die dahinter liegenden schneebedeckten Berggipfel. Etwas Schöneres konnte er sich nicht vorstellen. Die kleine Holzhütte bot einen bescheidenen Komfort. Ein kleiner Wohnraum, ein winziges Schlafzimmer und eine noch kleinere Duschkabine. Auf einer kleinen Ess-Theke standen eine Kaffeemaschine und ein Campingkocher. Mehr gab's hier nicht und mehr brauchte er auch nicht. Die ersten Tage jedoch brachten ihm keine Ruhe. Immerzu musste er an die Firma denken. Immer wieder sah er seine geldgierigen Kollegen, wie sie grinsend vor ihm standen. Er sah, wie er von ihnen ausgegrenzt wurde, wie er immer erfolgloser und kränklicher wurde. Und immer deutlicher spürte er in sich eine merkwürdige Unruhe, die sich mehr und mehr verschlimmerte. Eines Abends, James dachte wieder über sein freudloses Leben nach, spürte er eine immer stärker werdende Enge in der Brust. Gleichzeitig rang er nach

Luft. Ein heftiger Schmerz durchzuckte sein Herz und die Bilder seines Lebens flogen an seinem inneren Auge vorbei wie ein vorüberrasender D-Zug. In der Ferne erkannte er ein weißes, warmes Licht. Es schien immer näher zu kommen. Plötzlich wurde es dunkel um ihn … sehr dunkel. Als er seine Augen langsam wieder öffnete, stand ein weißhaariger alter Mann vor seinem Bett. Er hatte ein hageres Gesicht und doch strahlte er eine unbeschreibliche Ruhe aus. Mit besorgter Stimme sprach er: „Es ist alles gut. Ich bin ja bei Ihnen.". James fühlte sich in seiner Gegenwart sicher und geborgen. Schon am folgenden Tag fühlte er sich wieder gut. Und noch etwas sehr seltsames bemerkte er an sich. Etwas, dass ihm seit langer Zeit abhanden gekommen war, schien zurück zu kehren, seine Kraft! Die Anwesenheit dieses seltsamen alten Mannes brachten ihm sein Selbstbewusstsein und seine Zuversicht zurück. Oft saßen die beiden bis in die Nacht hinein vor der Hütte und redeten über Gott und die Welt. Und immer wieder sprach der Alte davon, dass man das Leben genießen muss. Nichts auf der Welt bringt einem auch nur eine vergangene Sekunde dieses Lebens je zurück. Sie ist für immer und für alle Zeiten vergangen. Die Tage wurden plötzlich zu einem regelrechten Erlebnis. Schon zeitig am Morgen standen die beiden auf und liefen durch den angrenzenden dichten Wald. An einem wunderschönen einsamen Bergsee legten sie eine Rast ein. Der Alte zog sich den Jogginganzug aus und sprang in das eiskalte Wasser. Als James noch zögerte, rief der Alte aus voller Kehle: „Na nun hab dich doch nicht so! Komm rein. Du wirst nicht dran sterben!".

Das laute Lachen des alten Mannes ließen die anfängliche Scheu schnell vergessen. Mit einem mutigen Sprung plumpste James in den See. Die beiden schwammen ein paar Runden. Danach setzten sie ihren Waldlauf fort. Und so verbrachten sie nahezu jeden Tag. Herumsitzen und Traurig sein- all das gab es plötzlich für James nicht mehr. Sein Optimismus und seine Lebensfreude kehrten zurück.

Am Ende des Urlaubs hatte er so viel Zuversicht und Energie gesammelt, dass er gar keine Angst mehr hatte, nach Hause zu fahren. Im Gegenteil- er freute sich auf seine Heimat, die er doch so sehr liebte. Und er nahm sich vor, seinen neidischen Kollegen die kalte Schulter zu zeigen. Er wollte aussteigen, um noch einmal richtig zu leben!

Soviel gab es noch zu entdecken. Die Welt wartete auf ihn. Außerdem wollte er ein Buch schreiben. Vielleicht konnte er auch anderen Menschen Mut machen, ihr Leben zu ändern. Er verabschiedete sich von dem alten Mann und fuhr heim. Eine Woche später hatte er auch die entwickelten Fotos und wollte sie dem alten Mann schicken. Doch ihm fiel ein, dass er seine Adresse nicht hatte. Es half nichts, er musste noch einmal zurück fahren. Vielleicht kannte ihn ja irgendjemand. In einer kleinen Pension im Tal fragte er nach dem alten Mann und zeigte eines der Fotos, worauf er zu sehen war. Die Angestellte schaute ihn erschrocken an. Dann stammelte sie mit leiser Stimme: „Aber das ist ja der alte Tom Benson. Das kann doch gar nicht sein. Benson war mal Bergführer oben in den Rockys. Bei einem Erdrutsch kam er ums Leben. Das Unglück ereignete sich auf den Tag genau vor zehn Jahren …" …

Das Tor im Moor

Eigentlich hatte ich mir meine freien Tage etwas anders vorgestellt. Ich wollte in den Süden, um noch ein paar Sonnenstrahlen zu tanken, bevor der Winter mit seiner Eiseskälte über uns Nordeuropäer gnadenlos hereinbrach. Kurz vor der gebuchten Reise jedoch erhielt ich einen Anruf vom Reiseveranstalter, dass man die Reise wegen einer Grippeepidemie stornieren müsste. So entschied ich mich, im Lande zu bleiben. Zwar fand ich das nicht unbedingt so prickelnd, war aber dennoch froh, endlich einmal ausspannen zu können. Die kleine Pension, weit draußen im Märkischen hatte irgendetwas. Und jetzt im Herbst kamen auch kaum Gäste. So erfreute ich mich ganz allein der Herrlichkeit des Seins. Der Kaffee schmeckte immer und ich hatte genügend Zeit, das reichhaltige Frühstücksbuffet zu genießen. Ich konnte außerdem meine täglichen Spaziergänge ausdehnen, wie es mir gefiel. Die seltsamen Ereignisse begannen an einem Samstagabend. Den ganzen Tag war ich unterwegs. Sogar in das etwas weiter entfernte Moorgebiet wagte ich mich. Sandra, die Pensionsbesitzerin hatte mich zwar gewarnt, dort nicht allein hin zu gehen. Aber meine Neugierde trieb mich regelrecht dorthin. Immerhin war ich bisher noch nie in einem Moor unterwegs. Das Gebiet konnte man nicht ganz übersehen. Nebelschleier waberten über die feuchten Wiesen. Als es auch noch zu regnen begann, wollte ich wieder zur Pension zurück. Doch der Nebel war so stark geworden, dass ich mich verlief. Leicht genervt hockte ich mich auf einen morschen Baumstumpf und kramte mein Handy aus der Hosentasche. Es war nicht zu glauben, aber der Akku war leer. „Mist!", rief ich laut. „Das ist ja wie einem Horrorfilm!". Es nutzte nichts. Ich musste warten bis sich der Nebel etwas gelichtet hatte. Doch das konnte Stunden dauern. Irgendwelche komischen Szenarien gingen mir durch den Kopf. Ich sah mich schon von wilden Fabelwesen aus den Tiefen des Moores verfolgt. Da ich nicht der Typ langem Zögerns war, schulterte ich meinen Rucksack und lief vorsichtig los. Das seichte Gras bewegte sich schon unter meinen Füßen. Und ich hatte nur noch einen einzigen Gedanken – hoffentlich versinke ich nicht. Als der Boden unter meinen Füßen so langsam wieder etwas fester wurde, vernahm ich ein seltsames Surren in der

Luft. Es hörte sich an wie ein herannahender Bienenschwarm. Das Surren wurde immer lauter. Ich blieb stehen und starrte in die Luft. Es war klar, dass ich bei diesem Nebel nichts erkennen konnte. Trotzdem beunruhigte mich das Geräusch. Das Surren war jetzt so stark, dass mich das starke Bedürfnis plagte, sofort wegzurennen. Angst kam auf und ich spürte meine feuchten Hände. Plötzlich tanzten um mich herum unzählige schwarze Kreise. Sie tanzten auf und nieder und bewegten sich rasend schnell. Dann verbanden sich die unzähligen Kreise zu einem einzigen riesigen schwarzen Kreis. In seinem Inneren erkannte ich so etwas wie ein Gebäude. Zumindest sah es so aus. Aber es hätte auch alles anderes ein können. Immerhin konnte ich vor lauter Angst keinen klaren Gedanken mehr fassen. Der riesige schwarze Kreis blieb minutenlang vor mir stehen. Dann wurde er blasser und verschwand schließlich ganz. Ich hatte mich derart erschrocken, dass ich mich auf die feuchte Wiese fallen ließ. Was konnte das nur gewesen sein? Hatte ich vielleicht eine Halluzination? Manche sagen, dass es im Moor Irrlichter geben sollte. War das vielleicht ein solches? Meine Gedanken schossen Purzelbäume. Glücklicherweise verschwand der Nebel so langsam. Ich hatte wieder freie Sicht und konnte sehen, in welche Richtung ich gehen musste, um zum festen Land zurück zu kehren. Als ich in der Pension eintraf, stürzte Sandra mir schon entgegen. „Mann, da sind Sie ja endlich. Ich habe Sie schon angerufen.

Doch Ihr Handy …“.

Ich musste derart verdutzt geschaut haben, dass Sandra stutzte. „Was haben Sie denn? Sie sehen ja aus, als hätten Sie ein Gespenst gesehen. Ihre Redaktion hat angerufen. Sie sollen die noch fehlenden Texte bis heute Abend faxen.“. Ich nickte nur und meinte, dass ich erst einmal einen Schnaps brauche. Die Texte wollte ich später an die Redaktion faxen. Sandra setzte sich mit mir in die leere Gaststube. In diesem Moment hatte ich mir gewünscht, doch unter vielen anderen Gästen sein zu können. Die Einsamkeit hier draußen machte mich nicht unbedingt ruhiger.

Aber nach dem zweiten Wodka und den neugierigen Blicken der hübschen Wirtin Sandra wich die Nervosität einem permanenten Mitteilungsbedürfnis. Die Flasche Wodka wurde leerer, Sandra immer interessanter und meine Zunge immer lockerer. Als Sandra von dem schwarzen

Kreis hörte, wurde sie plötzlich sehr ernst. Ihre ernsten Blicke flogen irritiert in der Gaststube umher. Dann meinte sie: „Das hat mir vor drei Wochen schon einmal ein Gast berichtet. Doch er konnte mir nichts mehr darüber erzählen.". Mit lallender Stimme erkundigte ich mich nach dem Grund, warum dieser ominöse Gast nicht mehr sprechen konnte … Sandra meinte nur, dass man seine Leiche Tage später im Moor gefunden habe. Als man ihn schließlich bergen wollte, verschwand er vor den Augen des Bergungstrupps plötzlich in einem solchen schwarzen Kreis. Ich erschrak. Seine Leiche? Ich konnte es nicht glauben. Völlig entkräftet und todmüde verschwand ich erst einmal in mein Zimmer. Ich musste dringend ins Bett. Am folgenden Tag fühlte ich mich einfach furchtbar. Der Kater saß in jedem meiner Knochen. Da half auch die halbe Kanne Kaffee nicht viel. Sandra hingegen schien gut gelaunt und fröhlich. So, als habe sie unser Gespräch letzte Nacht nicht weiter beeindruckt. Auch bemerkte ich, dass einige neue Gäste in der Gaststube saßen und sich angeregt unterhielten. Mir fiel ein Stein vom Herzen. Ich fühlte mich nicht mehr so einsam und allein hier draußen. Lächelnd kam Sandra an meinen

Tisch und bat mich, später noch einmal ins Büro zu kommen. Sie habe mir noch etwas zu erzählen. Nachdem ich mein Frühstück verdrückt hatte, ging ich zu ihr. Sie erzählte mir von Gegenständen, die plötzlich verschwunden seien. Auch seien Bäume, die gerade erst gepflanzt wurden, plötzlich völlig verdorrt umgefallen. Autos seien verschwunden. Sandra hatte, während sie erzählte, Tränen in den Augen. Völlig aufgelöst meinte sie, dass das der eigentlich Grund sei, warum sie kaum Gäste hatte. So etwas spräche sich natürlich schneller herum als es einem lieb sei. Die wenigen Gäste, die ihr noch die Treue hielten, konnten aber den Umsatz nicht mehr steigern. Und irgendwann müsste sie wohl Insolvenz anmelden. In ihren Augen entdeckte ich Traurigkeit und Verzweiflung. Was musste diese kleine Frau in den letzten Monaten gelitten haben. Trotzdem ließ mich der Gedanke nicht los, dass all das mit diesem schwarzen Kreis zu tun haben musste. Ein seltsamer Verdacht, vielleicht auch endlose Neugierde machte sich in irgendeinem Hinterstübchen meines Journalisten-Gehirnes breit. War dieser simple schwarze Kreis vielleicht doch ein Irrlicht … oder sogar ein schwarzes Loch? Mir war nicht wohl bei diesem Gedanken. Trotzdem ich eine unglaubliche Angst hatte, noch einmal ins Moor zu gehen, war die Neugierde doch stärker. Sie hämmerte in mir wie ein Vorschlaghammer gegen die Wand. Diesmal achtete ich darauf, dass mein Handy geladen ist. Auch packte ich mehr Esswaren und Getränke in meinen Rucksack als gestern. Ich vereinbarte mit Sandra eine Uhrzeit, zu welcher ich mich auf jeden Fall bei ihr melden würde. Sollte ich mich zum vereinbarten Zeitpunkt nicht melden, sollte sie die Polizei informieren. Mit meiner Digitalkamera bewaffnet zog ich schließlich los. Wohl war mir nicht. Doch ich wollte unbedingt heraus bekommen, was es mit diesem seltsamen Phänomen auf sich hatte. An Zauberei oder gar Mystik glaubte ich nicht. Für meine Beobachtungen, wie auch für den rätselhaften Tod und das Verschwinden des Gastes musste es eine Erklärung geben. Das Moor lag in seiner Riesenhaftigkeit und Unwirklichkeit ruhig und seltsam friedlich vor mir. Ich traute dieser vermeintlichen Stille jedoch nicht so recht. Kaum zu glauben, was ich am gestrigen Tage hier erlebt hatte. Um etwas gemütlicher zu sitzen hatte ich mir einen aufklappbaren   Campingstuhl mitgenommen. Auf einer kleinen und relativ stabilen Anhöhe baute ich mein kleines Lager auf. Dort ging ich sicher, dass mich das Moor nicht verschlingen würde oder ich irgendwo unbemerkt versank. Nachdem ich ein paar Züge aus meiner Wasserflasche genommen hatte, wartete ich geduldig ab. Sandra rief an, fragte, ob mir schon etwas Verdächtiges aufgefallen sei. Ich verneinte, bemerkte jedoch, dass sich wieder dieser seltsame Nebel bildete. Auch bemerkte ich, dass die Handyverbindung immer schlechter wurde. Schließlich und unvermittelt brach sie ab. Und wie gestern kroch wieder diese merkwürdige Angst in mir hoch.

Diesmal aber verdrängte ich sie erfolgreich. Der Nebel war unterdessen so stark geworden, dass ich nichts mehr erkennen konnte. Ich schaute auf meine Armbanduhr. Die vereinbarte Zeit war noch nicht heran gekommen. Ich hatte noch ca. eine halbe Stunde Zeit. Das gab mir die nötige Sicherheit, auszuharren. Plötzlich hörte ich aus der Ferne wieder dieses seltsame Surren. Rasch kam es näher. Dann tanzten wieder unzählige schwarze Kreise vor meinen Augen. Und wie gestern verbanden sie sich zu einem einzigen riesigen Kreis. In seinem Inneren erschien wieder dieses Gebäude, welches ich nur schemenhaft erkennen konnte. Wie gebannt starrte ich auf das Phänomen. Dann fasste ich mich endlich, hielt meine Digitalkamera auf das Szenario. Entnervt und doch ruhiger als gestern schaute ich erneut auf die Uhr. Immer noch keine Minute vergangen ... ich erschrak ... es musste Zeit vergangen sein. Es mussten mindestens zehn Minuten vergangen sein. Doch meine Uhr zeigte nichts mehr an. Sie schien stehen geblieben zu sein. Was ging hier nur vor? Ich nahm all meinen noch vorhandenen Mut zusammen und schritt auf den schwarzen Kreis zu. Nichts geschah. Jetzt stand ich unmittelbar vor ihm. Würde er mich nun verschlingen? Was würde passieren, wenn ich einfach in ihn hinein trete? Ich hob den Fuß und schritt in das Dunkel des Kreises ...

Augenblicklich nahm mich der Kreis in sich auf und ich begann mich zu drehen – schneller und schneller ... mir wurde jedoch nicht schwindelig. Gleichzeitig raste ich auf das vermeintliche Gebäude zu. Meine Gedanken schienen sich ebenso schnell, wie ich auf das Gebäude zu raste, zu bewegen. War das tatsächlich ein schwarzes Loch? Und wo würde ich ankommen? Ich schloss meine Augen und vergaß Raum und Zeit.

Um mich herum breitete sich eine fremdartige Welt aus. Überall leuchteten frische grüne Wiesen. Der Himmel färbte sich mal blau mal weiß … über mir schwebte eine riesige violette Sonne. Dann spürte ich einen heftigen Schmerz im Rücken. Langsam erwachte ich aus meinem unwirklichen Traum. Um mich herum befanden sich unzählige Apparaturen. Überall piepte und rauschte es. Irgendwelche Geräte leuchteten in allen möglichen und unmöglichen Farben. Eine Person mit einem weißen Mundschutz beugte sich über mich. Dann drehte sich die Person um und meinte in einer recht verständlichen Sprache: „Er kommt wieder zu sich!". Erleichtert, noch am Leben zu sein, rappelte ich mich auf. Die Person entpuppte sich als älterer Herr, der sich seinen Mundschutz vom Gesicht zog. Dann lachte er und sagte laut: „Na, das hat doch geklappt! Nur mit dem Ort funktioniert es noch nicht so ganz!". Entgeistert schaute ich dem Mann ins Gesicht. Ich wusste nicht, was da geschah. Doch eines schien mir klar, ich musste eine größere Strecke zurückgelegt haben. Denn im Moor befand ich nicht mehr und meine Pension konnte ich nirgends entdecken. Später stellte sich heraus, dass ich tatsächlich durch ein schwarzes Loch gereist war. Dieses Loch führte mich geradewegs zum einem Observatorium in der Schweiz. Seit einiger Zeit führte man dort Experimente zur Erforschung des Urknalls durch. Dabei erzeugte man ganz nebenbei dutzende kleine schwarze Löcher. Der Professor hatte herausgefunden, dass diese schwarzen Löcher ganz gezielt Materie in sich aufnehmen, um diese in ungeheurer Geschwindigkeit an jedes beliebige Ziel zu transportieren. Wie dies genau funktionierte, wollte man mir nicht erklären. Vielleicht wusste man es auch noch nicht so genau. Als ich wieder zu Sandra in die Pension zurückkehrte, erzählte ich ihr meine unfassbaren Erlebnisse. Ich berichtete ihr auch von meinem Traum innerhalb des schwarzen Loches. Vielleicht, so vermutete ich, sind ja auch die Gegenstände in diesen Löchern verschwunden? Sandra konnte das alles nicht wirklich zu beruhigen. Nervös strich sie sich ihre langen blonden Haare aus dem Gesicht. Schließlich erzählte sie mir von dem Gast, den man seinerzeit tot vor dem schwarzen Loch gefunden hatte. Zunächst fand ich nichts Aufregendes an ihrem Bericht. Doch was sie dann sagte, verschlug mir die Sprache. Der tote Gast sei bei meinem Verschwinden im schwarzen Loch ganz plötzlich wieder aufgetaucht. Man fand ihn an genau der Stelle, an welcher ich das schwarze Loch entdeckte, und er war lebendig und kein bisschen gealtert …

Wo

Wo nur sind sie, Deine Träume?
Sind sie tot, schon lange fort?
Fern siehst Du die Mandelbäume
Jenseits sind die schönsten Träume
Übrig bleibt ein trüber Ort

Dabei ist so nah Dein Leben,
und die Sonne und der Mond!
Du kannst doch soviel noch geben
Komm entdeck ein neues Leben,
wo es sich zu träumen lohnt

Einfach so

Ein Wind streicht übers kahle Feld
Er kitzelt mir die kühle Stirn
Ich denke so an das, was zählt
Spaziere einsam übers Feld
Und möcht mich einfach so verliern

Da sag ich mir – versuchs doch mal,
ganz einfach so und gib nicht auf
Der Wind streicht über Feld und Tal
Verlieren kann ich allemal
Ich weiß, dass ich niemals ersauf

So wird es Nacht auf Wies und Feld
So mancher Traum zieht in mein Herz
Ich denk an das, was da noch zählt
Geh lächelnd heim in meine Welt
Und Nebel steigen himmelwärts …

Alptraum

Mondlicht fällt vom Himmelszelt
Angst droht über See und Wies
Traumlos scheint die halbe Welt
Ach, ich fühl mich wirklich mies

Überall ist's seicht und nass
Denk an Dich im Tannenwald
Heute Nacht macht gar nichts Spaß
Und der Wind faucht bitterkalt

Schlaflos irr ich her und hin
Suche Dich und such nach mir
Finde nichts, nicht mal den Sinn
Und die Uhr zeigt kurz vor Vier

Eine Antwort gibt es nicht
Ahn, Du bist schon lange fort
Regen fällt auf mein Gesicht
Hier an diesem tristen Ort

Doch welch Wunder – mir wird's warm
Ich erwach und glaub es kaum
Lieg bei Dir, in Deinem Arm
Alles war ein schlechter Traum

Irrfahrt

Der Zug rast übers weite Land
Sie schaut hinaus und weint dabei
Vor Stunden ist sie weggerannt
Und fährt nun einsam übers Land
Und fühlt sich weder gut noch frei

Sie ließ das Haus allein zurück
Was wohl der Mann sagt, wenn er kommt?
Er hielt sie oft für arg verrückt
Doch diesmal ließ sie ihn zurück!
Ob sich das Fortgehn wirklich lohnt?

So weit war sie noch niemals fort
Er hielt sie fest und schloss sie ein
Es war kein wirklich schöner Ort,
dies Haus, der Garten- sie wollt fort!
Und wollte endlich glücklich sein

Da warn so viele Träume noch
Ein Auto, Kinder und viel mehr
Das Haus war alt und nicht sehr hoch,
riss in die Kasse bald ein Loch
Und manche Träume wogen schwer

Ist die Familie schon am End'?
Sie schaut vom Fenster in die Welt
Der Zug rast durch das Land, das fremd
Dorthin, wo man sie nicht mehr kennt
Dorthin, wo Vieles nicht mehr zählt

Sie atmet tief und stöhnt dabei
Das Handy summt sich in die Nacht
Sie fühlt sich weder gut noch frei
Die Landschaft fliegt am Zug vorbei
Ob dort vielleicht die Sonne lacht?

Ein Bahnsteig kommt, der Zug hält an
Sie weiß nicht, was sie machen soll
Sie denkt ans Glück und an den Mann
Hier, in der Einsamkeit sodann
starrt sie ins Nichts – so sehnsuchtsvoll

Der Zug fährt ab, es ist nicht hell
Schon bald entgleist er, fern vom Glück!
Vielleicht ging's einfach nur zu schnell?
Im Leben ist's nicht immer hell!
Doch sie stieg aus! Sie will zurück …

Fragen

Du starrst lang um Dich herum
Du willst weinen, bleibst doch stumm
Die Gedanken ziehn in Dir
Was bleibt noch von allem hier?

Wolltest Geld, Erfolg und Macht,
dass für Dich die Sonne lacht
Wolltest geliebt sein und geehrt
Wolltest leben - unbeschwert

Hast gekämpft und bliebst allein!
Warum muss das denn so sein?
Suchtest nach dem großen Glück
Doch am End blieb nichts zurück

Welchen Lohn gibt's für die Zeit,
die durchsetzt von Not und Leid?
Alle Freude scheint vorbei
Übrig bleibt ein „Einerlei"

Und nun stehst Du da und klagst!
Hast das Leben Du verpasst?
Schaust zum Himmel hoch, ins Licht
Spürst im Herzen einen Stich

Denn nicht Macht, Erfolg und Geld
ist's, was Dich am Leben hält
Wenn der Welt Du *Liebe gibst*,
weißt Du, wer Du *wirklich* bist …

Auf der Treppe

Ein junger und ein alter Mann,
sie sagen nichts und schweigen nur
Sie sitzen da und schaun sich an
Der junge und der alte Mann
Und schauen manchmal auf die Uhr

Es ist ein Vater mit dem Sohn
Dazwischen liegen dreißig Jahr
Sie sagen nichts, was macht das schon
Es schweigt der Vater- und der Sohn
Soviel scheint anders als es war

Der Sohn will fort, weg von Zuhaus
Der Vater hat die dritte Frau
Doch sehen sie nicht glücklich aus
Sie fühln sich fern, weit von Zuhaus
Die Mutter wusst das ganz genau

Sie lief davon vor langer Zeit
Und ließ die beiden schnell zurück
Die Männer hat das nicht erfreut
Die Mutter ging vor langer Zeit
Und suchte sich ein neues Glück

Es fehlte der Zusammenhalt
Denn Sohn und Vater passten nicht
Die Wohnung wurde kalt, so kalt
Es fehlte der Zusammenhalt
Und Mutters liebes Angesicht

So sitzen sie nun schweigend da
Und trauern ihren Träumen nach
Es wird wohl nie mehr so wies war
Die beiden sitzen schweigend da
Und sind wohl lange noch nicht wach …

Pfingsten

Weiße Rose dort am Strauch
Kündest mir von neuem Glück
Kündest mir von Träumen auch
Bringst den Glauben mir zurück

An die gute alte Zeit
Fühl mich neu und wieder gut
Alle Sorgen scheinen weit
Ruhe dickt mein dünnes Blut

Wind verweht den herben Blick
Bringt mir süßen Sommerklang
Weiße Rosen sind mein Glück
Abende sind wieder lang

Der Elefant

Es war auf einer wirklich langen Reise
Ich war in Asien, ganz fern, wohl irgendwo
Es war ein Urlaub, ziemlich laut
und ziemlich leise
Was für ne wunderschöne lange Reise
Oft war ich schweren Mutes,
und war auch manchmal froh

Ich fuhr durch einen weiten
dichten Dschungel
Ganz plötzlich stand er da - ein Elefant!
Um meinen Kopf flog eine laute
dicke Hummel!
In diesem heißen,
viel zu feuchten Dschungel
hat mich das große Elefantentier erkannt!

War ganz allein in dieser tiefen Wildnis
Der große Elefant stand einfach vor mir - nur
Wohl glich ich einem wirklich
schlechten Bildnis
mit meiner Angst, in dieser fremden Wildnis
Es war ein Ausflug,
eine lange Tagestour

Und plötzlich bohrten da auch
meine tausend Sorgen
All meine dunklen trüben Tage vielleicht,
ach
Dem Elefanten blieb das alles
nicht verborgen
Er sah mich an und spürte
meine schlimmen Sorgen
Doch fühlt ich mich bei ihm
wie unter einem sichren Dach

In seinen Augen bemerkte ich
sehr dicke Tränen
Ich hört ihn sagen:
„Nimm das alles nicht so furchtbar schwer!"
Und wo laut heulten hungrige Hyänen,
da weinten wir ganz dicke heiße Tränen
Und plötzlich schien mein Leben
nicht mehr öd und leer

Der Elefant bewegte seinen großen Kopfe
Er wollt wohl meinen:
„Komm jetzt gehe endlich deinen Weg!"
Und alles, was ich jemals dachte, hoffte,
stieß fort der Elefant mit seinem
großen Kopfe!
Und mir ward klar,
wie alles fortan weitergeht!

Er trug zurück mich zu der Reisegruppe
Die suchten lange überall mich bereits schon
Ich hatte Hunger auf ne heiße Erbsensuppe
Und fühlte mich so müd
in meiner wachen Urlaubsgruppe
Und wollte doch zurück
zu meinem Elefantensohn

Der winkte noch einmal
mit seinen großen Ohren
Und rief von weiten nur:
„Ade! Machs besser - du!"
Ach, trotz der Hitze wär ich beinah
fast erfroren
Der Elefant, er winkte mir
mit seinen treuen Ohren
Mein Schiff entschwand mit mir
in trügerischer Ruh

Daheim hab oft gedacht ich an den Elefanten
Und manchmal war es mir,
als wär er sehr sehr nah
Und dort, wo wir uns beide plötzlich fanden,
in jenen fernen, viel zu fernen Landen,
fand ich wohl einen Freund,
den ich doch nie mehr wiedersah ...

Am See

S´ ist Mitternacht, ich sitz am See
Im Schilfrohr träum ich vor mich hin
Noch ist es Herbst, noch gibt´s kein Schnee
So ganz für mich an jenem See
Nach Irgendwas steht mir der Sinn

Ein kühles Lüftchen hier und da,
Es hüllt mich sanft und lieblich ein
Ganz still ist es und ziemlich klar,
wie´s immer hier am Ufer war
So könnte es wohl ewig sein

Der Bootssteg knarrt leis vor sich hin
Vielleicht stieß grad ein Fischlein an?
Nach irgendwas steht mir der Sinn
So schau ich einfach vor mich hin
Der Mond erhellt ganz schwach das Land

Wie dieses Leben wohl noch wird?
Wohin es mich noch treiben mag?
Oft hatte ich mich arg verirrt
Und manchmal schien mein Sinn verwirrt
Nicht immer gut die Nacht, der Tag

Ein Rascheln – da – vom Wasser leis!
Ich starre in die Dunkelheit …
Warum man manchmal gar nichts weis?
Oft scheint so manch Gefühl aus Eis!
Und oft vergeht man in der Zeit!

Sollt ich da weiterdenken … ach!
Die Nacht ist doch so wundervoll!
Oft denkt man viel zu lange nach,
und lebt doch unterm sichren Dach!
Ich stöhne leis und ohne Groll …

Der Mond hat den Zenit erreicht
Und Müdigkeit zerfließt im Hirn
Ein Mahr schon um die Bäume schleicht
Nach Hause sollt ich jetzt - vielleicht -
mich sacht ins Reich des Traums entführ 'n

S' war Mitternacht am dunklen See
Der Mond längst im Gewölk entschwand
Noch ist es Herbst, doch bald fällt Schnee
Ich schau zurück zu meinem See,
zum Steg am Ufer – tief im Land …

Nichts

Ich sitz am See im Schnee
Und ich denk an dich
Und nichts geschieht
Am anderen Ufer ist – ein Baum
Ein Strauch und Ruh
Endlose Einsamkeit und keine Zeit
Die mir vergeht
Sie verschwimmt nur leicht
In meinen Augen
Der See ist zugefroren – ganz leicht
Ich geh nicht drüber hin
Mein Blick schweift nur über ihn
Soll ich noch weiter denken?
Ich weiß es nicht und hör nur zu
Dieser wundervollen Ruh
Ein leiser Wind verweht – nichts
Und ganz sanft bewegt sich – nichts
Es ist nur kalt
Sonst nichts!
Und ich sitz am See im Schnee
Denk noch an dich
Und denk auch mal an mich
Am Himmel sind Wolken
Schnee fällt ganz sacht
Auf meine Wollmütze
War da nicht gerad …
Nein, da ist nichts, gar nichts – nur – nichts

Ein Knistern vom Eise her
Vielleicht bricht es auf?
Doch da ist – nichts!
Mein Blick verfängt sich
wie ein Faden im Strauch
In lieblich- rauer Winterruh
Eisig seine Zweige
Eisig meine Seele – zugefroren auch
Und es ist kalt
In dieser Mitte eines Lebens
Meines Lebens!
Und sanft bewegt sich – nichts
Nur kälter wird's
An diesem See, der so voller Ruh
Ich denk an dich
Was für ein wundervoller Traum
An jenem See der großen Nichtigkeiten
Sollt ich jetzt gehn?
Ich weiß es nicht und bleibe
Noch!
Am anderen Ufer wird's trüb
Hier auch
Und kälter wird's
Der Abend geht
Nimmt so manches mit dahin
Und kommen will die Nacht
Und manch ein farbenloser Mahr
Und überall ist – nichts
Nur eine leise Melodie in meinem Sinn

Seltsam – mir wird es warm
Der Mond blinzelt durch die Wolken
Denk an dein Gesicht
Und sehs doch nicht
Am anderen Ufer ist noch immer – nichts
Ich stehe auf und schieb meine kalten Hände
In meine Hosentaschen
Saug lang und tief die feuchte Luft
In meine Lungen
Hab nichts gedacht und nichts gemacht
An jenem See
Nichts spiegelt sich auf ihm, auf seinem Eise
Das so dünn
Nach kurzer Zeit noch mal
Dreh ich mich um und sehe – nichts
Nur Dunkelheit, die mich umgibt
Und mich drängts irgendwie

Nach Hause

Nachtmahr

Blitze in der Neujahrsnacht
Dunkle Schatten überall
Hab so lange nachgedacht
Und manch Tod droht über Nacht
Feuerwerk! Revolverknall!

Träume, die so schrecklich sind
Atemlos und fern der Zeit
Fremde Welt, ein fremdes Kind
Und es weht ein seltsam Wind
Durch manch trübe Nichtigkeit

Nebel wabert übers Meer
Durch mein Herz und meinen Sinn
In mir drin ist's leicht und schwer
Neujahrsnacht – verrückt und leer
Und mein Leben stirbt dahin

Drift

Fantasie im Silbergrauen
Wieder bricht ein Sonntag an
Möcht ganz neue Schlösser bauen
Spür die Energie sodann

Frischer Wind weht um die Nase
Sonnenlicht strömt in den Tag
Um die Kurve rennt ein Hase
Und ich stell mir manche Frag

Schäfchenwolken schwimmen sachte
übers Himmelszelt dahin
Fern, die Kirchturmuhr schlägt >Achte<
Gibt dem Morgen einen Sinn

Kaffeeduft an mancher Ecke
Leise Worte, laute Stadt
Und ich gehe meine Strecke,
die heut so viel Neues hat

Ach, ich drifte durch die Zeiten
Lass die Sorgen weit zurück
Will nicht mehr alleine bleiben
Ja, ich bin total verrückt!

Denn so anders scheint dies Leben
Leichtigkeit im Herze pocht
Heute könnt ich alles geben

Und ich drifte weit und hoch!